Sócrates – O poder do não-saber

CB078986

CÓPIA NÃO AUTORIZADA É CRIME
ABDR
ASSOCIAÇÃO BRASILEIRA DE DIREITOS REPROGRÁFICOS
RESPEITE O DIREITO AUTORAL

Coleção Filosofia & Gestão: pessoal e profissional

- *Kant – A força do pensamento autônomo*
  Bernd Niquet
- *Buda – O encontro do equilíbrio*
  Werner Schwanfelder
- *Sócrates – O poder do não-saber*
  Andreas Drosdek
- *Confúcio – A milenar arte chinesa da gestao*
  Werner Schwanfelder

Dados Internacionais de Catalogação na Publicação (CIP)
(Câmara Brasileira do Livro, SP, Brasil)

Drosdek, Andreas
Sócrates : o poder do não-saber / Andreas Drosdek ; tradução de Lorena Richter. – Petrópolis, RJ : Vozes, 2008. – (Coleção Filosofia & Gestão: pessoal e profissional)

Título original : Sokrates für Manager : eine Begegnung mit zeitloser Weisheit.

ISBN 978-85-326-3675-1

1. Administração – Aspectos morais e éticos 2. Administração – Filosofia 3. Conhecimento – Teoria 4. Executivos 5. Filosofia antiga 6. Sócrates I. Título. II. Série.

08-02822 CDD-658.001

Índices para catálogo sistemático:

1. Administração : Filosofia 658.001

Andreas Drosdek

Sócrates – O poder do não-saber

Tradução de Lorena Richter

VOZES

© 2007, Campus Verlag GmbH, Frankfurt am Main

Esta tradução em português foi publicada por intermédio da Agência Literária Eulama.

Título original alemão: *Sokrates für Manager – Eine Begegnung mit zeitloser Weisheit.*

Direitos de publicação em língua portuguesa:
2008, Editora Vozes Ltda.
Rua Frei Luís, 100
25689-900 Petrópolis, RJ
Internet: http://www.vozes.com.br
Brasil

Todos os direitos reservados. Nenhuma parte desta obra poderá ser reproduzida ou transmitida por qualquer forma e/ou quaisquer meios (eletrônico ou mecânico, incluindo fotocópia e gravação) ou arquivada em qualquer sistema ou banco de dados sem permissão escrita da Editora.

Diretor editorial
Frei Antônio Moser

Editores
Ana Paula Santos Matos
José Maria da Silva
Lídio Peretti
Marilac Loraine Oleniki

Secretário executivo
João Batista Kreuch

Editoração: Frei Leonardo A.R.T. dos Santos
Projeto gráfico: AG.SR Desenv. Gráfico
Design de capa: WM Design

ISBN 978-85-326-3675-1 (edição brasileira)
ISBN 978-3-593-38252-4 (edição alemã)

Este livro foi composto e impresso pela Editora Vozes Ltda.
Rua Frei Luís, 100 – Petrópolis, RJ – Brasil – CEP 25689-900
Caixa Postal 90023 – Tel.: (24) 2233-9000
Fax: (24) 2231-4676

Sumário

Apresentação da coleção
A filosofia como provocação inspiradora

*Mario Sergio Cortella**

Os sonhos dos filósofos têm, em todos os tempos, animado homens de ação que puseram mãos à obra para realizá-los.
Anatole France

Filosofia e vida executiva? De novo? Mais uma vez querem sugerir que a filosofia e os filósofos podem apoiar aqueles e aquelas que se dedicam ao trabalho de execução de projetos, direção de organizações, gestão de pessoas? E que, além de tudo, a filosofia pode colaborar na cons-

---

* Filósofo, com mestrado e doutorado em Educação pela PUC-SP, na qual é professor-titular do Departamento de Teologia e Ciências da Religião e da Pós-Graduação em Educação (Currículo); docente convidado da Fundação Dom Cabral e do GVpec da FGV/SP; autor, pela Editora Vozes, dos livros *Não espere pelo epitáfio! – Provocações filosóficas*; *Não nascemos prontos... – Provocações filosóficas*; *Qual é a tua obra? – Inquietações propositivas sobre gestão, liderança e ética.*

trução do equilíbrio da dimensão profissional como componente da vida pessoal?

Buda e o executivo? Sócrates e o executivo? Kant e o executivo?...

É isso mesmo. Só que não de um jeito pragmático e apressado, fazendo com que a gente percorra ligeiramente o pensamento de um autor e, a partir daí, basta inseri-lo em nosso dia-a-dia.

Filosofia é coisa séria, e a Editora Vozes, seguindo sua tradição mais do que secular, a mais antiga casa publicadora ainda em funcionamento no Brasil, sabe isso muito bem. Afinal, algumas das melhores obras nesse campo foram por ela publicadas e continua à procura da excelência dos livros e da relevância pessoal e social daquilo que se dispõe a nos ofertar.

A Vozes pensa que a filosofia, tratada de forma honesta e atraente, pode nos encantar e, desse modo, fazer com que as nossas reflexões sejam robustecidas, o nosso repertório engrandecido e a nossa sensibilidade mais afiada. Outras editoras importantes também assim pensam, haja vista que esta coleção tem seu ponto de partida em estudos que se originam na Alemanha.

É clássico o chiste criado pelo estupendo Groucho Marx quando, ao ser convidado a integrar o quadro de membros de um determinado clube, disse: – Jamais me tornaria sócio de um clube que me aceitasse como tal.

Essa deliciosa idéia marxiana pode rondar a mente de alguém como eu, estudioso da filosofia e autor de livros nesta mesma editora, ao imaginar que, um dia, pensadores do calibre citado, ou de um Confúcio, ou Lao Tzé ou Sun Tzu, poderiam correr o risco da banalização e da digestão irrefletida. Não é o caso de maneira alguma. Fazer com que o pensamento de autores complexos se tornem acessíveis não obriga a simplificá-los; o que faz é desnovelar certas idéias que edificaram e que podem ser melhor "traduzidas" para novas ambiências quando se procura ser mais didático e menos abstrato.

São livros que concorrem para dar às nossas práticas profissionais uma maior sustentabilidade reflexiva e, ao mesmo tempo, auxiliar no afastamento da tristeza de uma vida pessoal alienada e laboralmente obsessiva.

Os autores dos livros desta coleção entenderam com largueza a frase escrita por Victor Hugo em *Os miseráveis*: "Chega sempre a hora em que não basta protestar; após a filosofia, a ação é indispensável".

Há, hoje, uma certa "miserabilidade" nas nossas vidas que, claro, não tem a ver apenas com condições financeiras. Essa pobreza advém da redução do tempo para reflexão e do exercício de um ativismo constante e persistente. Estamos sempre "em ação", prontos para o que der e vier. Será verdade? Sabemos que não. Carecemos de mais fundamentos que inspirem nossa vida e nos distanciem do amargo sabor da monotonia repetitiva ou da robotização das vivências.

Por isso, cabe bem, para romper com o eventual conforto dessa miserabilização cotidiana, o ditado árabe que afirma "Homens são como tapetes: às vezes precisam ser sacudidos".

A filosofia "sacode" de vez em quando, ou seja, faz com que não imobilizemos as nossas idéias no interior de modelos mentais enclausurantes; a filosofia e seus atores nos provocam a ter uma vida mais consciente, mais plena, mais sapiente.

Desse modo, ao provocar, inspira, nos faz procurar fôlego e nos obriga, nem sempre de modo suave, a ter de reinventar a nossa história pessoal, no interior da qual uma das faces é o profissional.

Ah, diriam alguns, isso é coisa para eruditos. Contudo, como nos advertiu Sébastien de Chamfort, "*pouca filosofia nos leva a desprezar a erudição; muita filosofia leva-nos a estimá-la*".

Isso mesmo. Muita gente não sabe, mas o radical da palavra *erudição* em latim é *rudis* (rude, tosco, áspero, não-polido); assim, quando "erudimos", estamos polindo, tirando asperezas, tornando mais suave e brilhante.

Afinal, gente não foi feita para brilhar?

Sobre este livro

O saber cria consciência. Quando encontramos novas formas de enxergar e compreender nosso mundo, isto acaba se refletindo em nossas ações. Um saber maior nos ajuda a criar, de modo mais eficaz, o nosso entorno. Ou, como dizia Sócrates: "ações corretas originam-se de pensamentos corretos".

O mundo se modificou profundamente. A globalização, individualização e a interconexão de informações através da internet criaram novas realidades também, e principalmente, no mundo da economia. Além disso, a ênfase da economia global se desloca. Parceiros novos como a China e a Índia começam a embaralhar as cartas de novas formas.

Nesta situação, os antigos princípios de gestão defrontam-se com suas limitações naturais. Muito do que ainda praticamos, em termos de gestão, encontra-se enraizado em pesquisas realizadas por Frederick Taylor no final do século 19. Frederick Taylor desenvolveu através de princípios “científicos”, tais como a divisão do trabalho, um planejamento e controle a partir dos quais apenas a gestão (superior) deve pensar e planejar. O restante dos colaboradores, por sua vez, deve apenas executar estes planos de modo mais exato possível e de preferência sem refletir. Quando comparamos esta concepção do ser humano e da empresa com a realidade econômica atual, apenas estranhamos por que as rachaduras na estrutura econômica não surgiram anteriormente.

Muitos executivos têm consciência de que as idéias tradicionais sobre a gestão não nos auxiliam mais em nosso mundo complexo. O sistema econômico modificou-se profundamente. Antigamente, falar do funcionário como o “recurso mais importante” era apenas um truque de RP, atualmente, no entanto, as coisas mudaram: Neste meio-tempo a empresa passou a necessitar da inteligência e criatividade de todos os colaboradores, caso deseje obter sucesso nos mercados do futuro, marcados pela globalização e concorrência. De onde, porém, devem surgir os novos conceitos para uma condução efetiva dos colaboradores?

Há mais de uma década indiquei caminhos alternativos para executivos, caminhos que trazem novo saber e consciência para o processo de gestão. Até o final do século passado costumava-se enfatizar as estratégias asiáticas, que até hoje nos auxiliam na condução de sistemas complexos.

Mas o desenvolvimento da civilização ocidental também representa uma história de sucesso. Acabou nos conduzindo a liberdades jamais experimentadas, como também a conquistas tecnológicas e científicas para toda humanidade. Quem deseja conhecer as suas origens, deparar-se-á inevitavelmente com Sócrates, o homem, que conduziu, praticamente sozinho, a trajetória deste desenvolvimento de modo vital. Caso Sócrates não tivesse existido, este mundo provavelmente seria diferente.

Aparentemente Sócrates impulsionou muitas evoluções do nosso mundo através de seu pensamento e método. Mas é justo no mundo da economia que muitas vezes encontramos valores opostos àqueles que Sócrates representou.

Ultimamente a necessidade de consultar a filosofia para a descoberta de novas possibilidades de solução, também aumenta no âmbito da gestão. Sócrates constitui um ponto de partida lógico para tal. Pois ele não forneceu apenas o fundamento essencial para a nossa civilização ocidental, mas oferece também um modelo alternativo convincente para os métodos atuais de gestão.

Sócrates ocupou-se principalmente com as idéias dos sofistas quando atuava na esfera pública. Os sofistas elegeram o sucesso pessoal a diretriz mais importante e ensinavam a manipulação e o imperialismo, tendência que ainda existe em muitos empreendimentos modernos. Porém, nesta época marcada pela transparência, os métodos sofistas não têm mais efeito. Mesmo quando se trata do sucesso pessoal, torna-se importante orientar-se a partir dos princípios socráticos de autenticidade e da busca de um saber seguro.

"O dirigente do passado sabia dar ordens. O dirigente do futuro vai saber fazer perguntas", previa o grande pensador do mundo empresarial Peter Drucker, para o nosso milênio. Trata-se, no entanto, de uma boa época para aprendermos com Sócrates, este grande fazedor de perguntas.

Prezado leitor, tenho consciência de que seu tempo é limitado. Vivemos em tempos marcados pela pressa. Por isso, este livro é concebido de maneira que possa ser lido rapidamente e com facilidade. Seu conteúdo, porém, é estruturado de modo tal que expressa os principais aspectos da visão de Sócrates, repetidamente e de forma marcante, nos diversos contextos.

Desejo-lhe uma leitura prazerosa e espero que no final você se inspire neste filósofo único para obter novos sucessos em seu trabalho enquanto gestor.

Andreas Drosdek

Prelúdio

O executivo se percebe confrontado com uma série de desafios totalmente novos numa economia que se torna gradativamente mais complexa. Produtos e prestações de serviço precisam estar à altura das crescentes expectativas dos clientes, e os colaboradores necessitam ser motivados e conduzidos de maneira valorativa. Além disso, espera-se que o executivo amplie constantemente suas competências para que possa dirigir a empresa com segurança rumo ao futuro. Enfim, o entorno do executivo torna-se cada vez mais turbulento, fugaz, arriscado e as exigências e expectativas em relação à gestão crescem. Os princípios corriqueiros da gestão não trazem mais vantagens na competição, porque é fácil conhecê-los em pouco tempo. Isto significa que não existem mais vantagens de informação em longo prazo. Conseqüentemente, cada vez mais gestores se deparam com os seus limites. Porém, como pode o executivo alcançar novas competências no trato com o mercado e colaboradores? Que princípios básicos atualmente ainda lhe servem como orientação?

Uma filosofia sem nenhum saber prévio

Já Einstein previa: "Os problemas que existem no mundo não podem ser resolvidos a partir dos modos de raciocínio que deram origem aos mesmos". Para vencer os atuais desafios da gestão, necessitamos – pelo menos no que diz respeito à gestão tradicional – de novos princípios de raciocínio. Durante este processo, a gestão é continuamente confrontada consigo mesma. Conseqüentemente, não terá outra saída além de seguir o conselho de Immanuel Kant: "Tenha coragem de se servir de sua própria inteligência".

Percebemos a tendência das próprias estratégias de raciocínio do executivo decidirem se haverá êxito ou fracasso, não apenas no campo profissional, mas também no particular. Para onde, no entanto, deve o executivo moderno se dirigir para obter novas perspectivas de raciocínio? A resposta mais evidente parece ser: para lá, onde a história do sucesso do pensamento moderno teve o seu início, para a filosofia.

Todas as teorias de gestão e os métodos dela derivados são, direta ou indiretamente, produtos da filosofia. Tomemos como exemplo o pensador de gestão Peter Drucker. Quando jovem ele aprendeu espanhol, apenas para poder ler um pequeno livro de sabedoria do filósofo espanhol Baltasar Gracián no original. A filosofia como um todo formou grande parte de seu pano de fundo intelectual. Acontece algo semelhante em relação ao saber ligado à gestão. Todos os seus princípios se baseiam indiretamente em alguma concepção de mundo e de ser humano, isto é, numa filosofia.

Naturalmente você é bastante ocupado enquanto executivo. Mas justamente por isso, consideramos importante que dedique o seu tempo a perguntas, cujas respostas lhe ajudem a progredir rapidamente. Muitas vezes não temos consciência de quanto a filosofia marca todos os aspectos de nossas vidas. E de quanto nos pode ajudar a encontrar caminhos eficazes de resolução para o futuro. Deste modo, necessitamos da filosofia para o nosso trabalho. E não apenas isso: Já temos uma filosofia. Cada um de nós age segundo determinados princípios, convicções e regras gerais. Cada vez que você lida com colaboradores, colegas, líderes, clientes ou investidores, a forma de lidar com tais pessoas é influenciada por seus próprios princípios básicos, valores e prioridades. E são exatamente estes os elementos básicos de toda filosofia. A pergunta tão-somente é: A minha filosofia foi amadurecida e averiguada suficientemente para que eu possa ter certeza de que o meu princípio de gestão está certo?

Trata-se justamente deste processo de averiguar, o que nos conduz diretamente a Sócrates, o homem que fez da verificação sistemática de todas as convicções a tarefa de sua vida. O seu método não foi apenas o alicerce de toda teoria ocidental. Os princípios básicos de seu pensamento oferecem igualmente a vantagem de poderem ser compreendidos e aplicados sem conhecimentos prévios. Se desejarmos seguir o exemplo de Sócrates, não precisamos estudar primeiramente filosofia para depois aplicar os conceitos filosóficos ao nosso trabalho. Assim como Sócrates, podemos dar início a uma verificação, sem nenhum conceito prévio, de nosso saber e daquele de nosso entorno, como também fazer uso de nossas experiências e nosso conhecimento de até então, para desmascarar saberes errôneos ou incompletos e obter um saber mais seguro.

No fundo a filosofia atemporal de Sócrates oferece importantes impulsos para a delineação total de nossa vida. Mais do que nunca, cada um de nós acaba se confrontando consigo mesmo quando procura viver uma vida bem-sucedida. Atualmente você pode contar cada vez menos com a empresa na qual está trabalhando no exato momento, quando deseja planejar seu futuro. Neste entremeio, as empresas passaram a atuar de forma radicalmente isolada, de acordo com os seus desejos e interesses. A lealdade que até então existia entre a empresa e os funcionários, atualmente mal se percebe. Nesse sentido, você mesmo é responsável pela sua carreira, necessitando por isso mais do que nunca de uma estratégia clara para sua própria vida.

Neste caso, debruçar-nos sobre Sócrates pode nos ajudar de modo decisivo a desenvolver uma idéia mais clara sobre como gerenciar de modo eficaz a nossa vida, integrando ao mesmo tempo as necessidades e exigências de nosso entorno de modo que seja satisfatório para todos que dele participam.

Este livro é curto. As compreensões que nos servem de ajuda não precisam se basear em esclarecimentos prolixos. Aquilo que realmente importa muitas vezes pode ser transmitido rapidamente.

Por isso, entregue-se por um curto período à aventura da filosofia, seguindo as pegadas do filósofo possivelmente mais importante de todos os tempos. Você não vai se arrepender.

Sócrates: o mentor ideal

A arte de perguntar

De que capacidades o executivo moderno não pode prescindir? Como vencer os desafios modernos do século 21? Todos nós já escutamos muitas vezes que vivemos na era da economia do conhecimento. Como, porém, será a gerência nestas condições? Há mais de dois mil anos, Sócrates reconheceu que não existe caminho melhor, para estimular a criatividade humana e buscar a razão das coisas, que perguntar. Quando somos levados a responder perguntas, sentimo-nos subitamente intimados a parar, fazer um inventário, revelar o que sabemos e o que não sabemos, em que acreditamos e o que consideramos impossível. Perguntas revelam saber e ignorância. Constituem a ferramenta ideal para o executivo moderno que precisa gerenciar trabalhadores emancipados e cientes ao invés de receptores de ordens sem opinião própria.

O executivo moderno necessita principalmente da arte de perguntar. Precisa ser capaz de reconhecer os temas mais importantes e de questionar objetivamente pontos de vista e opiniões. Pois, devido ao fato de as coisas mudarem constantemente, as prioridades também se deslocarão continuamente. A insegurança que resulta de tais circunstâncias é grande. Deste modo, a arte de perguntar torna-se um dos instrumentos mais importantes para vencer esta insegurança. Além disso, ela poderá auxiliar-lhe de modo especial na gerência dos colaboradores, já que têm a tarefa de saber mais do que você sobre alguns detalhes específicos.

O saber seguro e aplicado de forma estratégica torna-se a nova moeda do sucesso num mundo turbulento. Porém, para alcançar este tipo de saber, é preciso que você reconheça primeiramente o limite de seu próprio saber, isto é, o seu não-saber. Apenas assim a construção e conservação de um saber sistemático e seguro será possível. Para tal, você, executivo moderno, ainda terá de delimitar pessoalmente a posição em que se encontra. Quais objetivos e valores meus constituem a base de minhas decisões? O que representa uma combinação bem-sucedida entre sucesso profissional e pessoal para mim? E, principalmente, de que modo desejo ser influente? Que tipo de poder seria importante para o meu trabalho e qual a forma ideal para aplicá-lo em vista do bem de todos?

E é justamente neste mundo moderno e altamente complexo que nos circunda que encontramos dificuldades gradativas em estruturar os nossos processos pessoais de decisão e de conferir-lhes uma continuidade que faça sentido.

Um saber reflexivo que permite que nos orientemos frente a determinadas circunstâncias e a capacidade de alcançar, apesar de toda a complexidade, o cerne dos problemas e de encontrar soluções realistas e razoáveis, tornam-se cada vez mais importantes. Enquanto executivo, você precisa identificar principalmente verdades motivadoras e críveis e representá-las no processo de gestão.

Como, porém, obter estas intuições preciosas? Aprenderemos com Sócrates, que como ninguém cultivou a arte da pergunta e do diálogo introduzindo-a enquanto método para encontrar a verdade na busca pela sabedoria no Ocidente.

Sócrates criou, com o seu método de perguntar, que ele mesmo comparou ao ofício de parteira de sua mãe – pois deste modo traz a verdade à luz, assim como a parteira traz a criança –, um conjunto de ferramentas que pode ser aplicado ainda hoje com sucesso por gestores na busca de soluções e decisões eficazes e na relação com os colaboradores.

A primeira filosofia de Sócrates

Sócrates praticou uma "primeira filosofia", à medida que partia diretamente do ser humano como objeto central de pesquisa, sem exigir nenhum tipo de saber filosófico prévio de seus interlocutores. Demonstrou como é possível tomar um problema pela raiz e obter, sem nenhum saber prévio e sem preconceitos, compreensões razoáveis. (Para aqueles que conhecem Aristóteles: Mais tarde Aristóteles usou uma definição diferente e mais contextualizada de "primeira filosofia").

Sócrates considerava a amizade e a solicitude elementos importantes de sua atividade como filósofo. Acreditava que a vida bem-sucedida exigia que a pessoa não seguisse apenas seus interesses pessoais, mas considerasse também os interesses legítimos dos outros.

Um executivo, que se orienta segundo os princípios socráticos, ganha autenticidade e credibilidade no que tange os seus esforços de contribuir de forma positiva não apenas para o próprio sucesso, mas para o sucesso da empresa como um todo e o de seus colaboradores.

Sócrates enfatizava a primazia do conhecimento. Antes de ser capaz de agir de modo correto, o ser humano precisa saber pensar de forma adequada. Para tal considera crucial o reconhecimento do próprio não-saber (pois apenas assim aspiraremos o próprio saber), do autoconhecimento e por fim a compreensão da verdade e do bem. Estas três formas de conhecimento formarão a base ideal para a decisão e ação.

Através deste método Sócrates fundou a base para cultura do pensamento ocidental. Influenciou diretamente e de modo decisivo Platão, como também Aristóteles e todos os outros filósofos posteriores de forma mais indireta. O famoso pensador Alfred N. Whitehead chega a dizer que a história da filosofia consiste "em nada mais que uma série de notas de rodapé referentes a Platão", cujo professor foi justamente Sócrates.

O método de Sócrates

Com o seu método, Sócrates colocou em movimento um tipo de pensamento que perdura até a atualidade. Surpreendentemente, ele mesmo considerava apenas poucas "verdades" totalmente seguras. Mais importante que as suas convicções era o seu método. Partindo de versões tradicionais, Sócrates formou uma concepção de mundo para si, submetida, a todo o momento, a uma verificação crítica durante o diálogo com os outros. Séculos mais tarde Karl Popper estabeleceu um princípio parecido para a pesquisa científica. Sócrates sustentava suas convicções de cujo caráter provisório tinha sempre consciência, até que algum erro de raciocínio ligado às mesmas fosse provado.

Durante o diálogo com o sofista Górgias e seus seguidores ele chega à seguinte conclusão no fim da conversa, que aliás não leva a nenhum resultado: “Do meu lado, continuo a afirmar a mesma coisa, que eu de fato não sei explicar, mas o certo é que nunca encontrei uma pessoa como a ti – neste momento – que falasse de outro modo sem cair no ridículo. Torno a dizer, portanto, que as coisas se passam dessa maneira”.

Sustente as suas convicções até que alguém o desengane.

Sócrates e sua repercussão com os jovens

A jovem elite de Atenas era a mais receptiva em relação à busca radical de Sócrates por novas e confiantes bases para uma vida com êxito duradouro. Eram principalmente os homens jovens e privilegiados, em busca de posição social elevada, de liderança, que se inspiravam em Sócrates. Sendo assim, este era o mentor preferido dos *High Potentials* de Atenas. Expressou tal fato em seu discurso de defesa diante do tribunal de Atenas, pouco antes de sua morte:

> Além do mais, os moços que me acompanham por toda parte – são os que dispõem de mais tempo, por pertencerem a famílias abastadas – não se comprazem de me ver examinar tais pessoas, como por vezes experimentam fazer a mesma coisa com terceiros, do que resulta descobrirem, segundo creio, um número infinito de gente dessa marca, que imagina saber alguma coisa, quando, de fato, sabe pouco ou mesmo nada.

A imitação do exemplo de Sócrates era algo que assustava principalmente os seus acusadores. Não desejavam perceber-se expostos a numerosas pessoas jovens e inteligentes, tendo de justificar-se em relação às suas convicções e aos seus atos.

Sócrates tinha consciência de que contagiava principalmente a juventude com a sua busca radical pela verdade. E não acreditava que poderia ser diferente em outras cidades: "Porque de uma coisa tenho certeza: para onde quer que me dirija, os moços irão escutar-me, tal qual se dá entre nós".

Na época de Sócrates, Atenas era uma jovem democracia, que tinha de lidar com numerosos problemas. Devido ao fato de a cidade ser orientada por uma democracia direta, organizavam-se grandes reuniões de cidadãos cada vez que se tratava de alguma questão importante. O mesmo valia para os processos judiciais. Quinhentos juízes participaram das negociações em função do julgamento de Sócrates. Após ouvirem todos os partidos, votaram o destino do filósofo. Teoricamente, estes eventos dispendiosos deveriam ter conduzido Atenas a um governo mais justo. Mas na verdade o sistema político era marcado por corrupção e manipulação.

Os sofistas, professores muito bem pagos, ensinavam a elite ateniense a fazer uso de artimanhas retóricas diante das reuniões dos cidadãos e do tribunal. Porém, segundo a opinião destes professores, não se tratava de trazer as respectivas verdades à luz, e sim de convencer a grande massa de seu próprio ponto de vista, mesmo quando este era nocivo para o bem comum. Não era de se admirar que a juventude, desde sempre idealista, preferisse seguir Sócrates.

Sócrates e os desafios atuais da gestão

Através de seu método, sua ênfase em termos de conteúdo e seu exemplo pessoal, Sócrates cria um ponto de partida ideal para a introdução de princípios filosóficos na área empresarial.

Com o seu *método*, o *foco de suas perguntas*, a seleção de *objetos de verificação* relevantes e a redefinição de objetivos desejáveis, Sócrates desenvolveu uma visão inovadora, duradoura e significava para vários milênios.

Sócrates jamais ensinou estes diversos assuntos de modo formal. Além disso, nunca escreveu sobre seu método e sua temática, supostamente por jamais considerá-los tão perfeitos que merecessem ser eternizados através da escrita. Sendo assim, já naquele tempo os seus discípulos podiam aprender apenas através de seu exemplo. Devido ao fato de Platão e outros relatores nos transmitirem impressionantes exemplos sobre a atuação de Sócrates, podemos nos tornar ainda hoje alunos de Sócrates e fazer dele o nosso mentor. É o que deve acontecer a partir daqui. Desejamos descobrir a sabedoria de Sócrates, permitir que ela nos inspire e tirar-lhe proveito.

Neste sentido, desejamos investigar quais reviravoltas decisivas Sócrates introduziu no pensamento ocidental e o que devemos aprender delas.

A TRIPLA REVIRAVOLTA SOCRÁTICA

Todos conhecemos a revolução copernicana. Porém, bem antes de Copérnico, Sócrates já provocara uma reviravolta tripla, decisiva para o pensamento humano, sem a qual atualmente viveríamos em um mundo totalmente diferente.

Além disso, conforme Cícero diagnostica mais tarde, Sócrates "transferiu a filosofia do céu para a terra". A maior parte dos filósofos pré-socráticos dedicou-se literalmente a questões cósmicas. Interessavam-se principalmente pelo universo e por como as coisas surgiram e em que consistem.

A reflexão de Sócrates tinha uma ênfase radicalmente diferente. Opondo-se à tendência de seu tempo, fazia do ser humano o foco de suas investigações. Ele era pragmático. Não se interessava tanto pela origem do ser humano. Interessava-se basicamente pela pergunta: O que representa uma vida bem-sucedida e como podemos alcançá-la?

A dedicação de Sócrates ao ser humano nos oferece pontos de referência fundamentais para uma gestão inovadora, prospectiva, numa época em que o colaborador se desloca para o centro do interesse do processo através de seu saber e sua criatividade.

A dedicação a questões relacionadas ao verdadeiro sucesso provocou uma reviravolta ainda mais surpreendente no pensamento de Sócrates. Ao invés de defender seu pretenso saber a qualquer custo, Sócrates passou a se concentrar em seu não-saber. O que ele realmente sabia? O que poderia exatamente uma pessoa saber? Quando se dirigiu a seus concidadãos com esta pergunta, teve uma grande surpresa: Quase nenhuma das perguntas essenciais sobre a vida podia ser respondida de modo convincente por ele ou por seus interlocutores, a princípio tão competentes. Sendo assim, Sócrates transformou a revelação de falsos saberes e a descoberta do não-saber no foco de sua vida.

O mundo atual também se encontra infestado por um grande não-saber. Quanto mais sabemos sobre o contexto de sistemas complexos, mas claro fica que somos pouco capazes de prever de modo seguro os desenvolvimentos de nosso mundo econômico global. Uma consciência altamente atenta pode auxiliar-nos na aproximação mais produtiva das constantes decisões que precisamos tomar apesar de toda insegurança.

A terceira reviravolta no pensamento de Sócrates, além da dedicação ao ser humano e ao não-saber, era sua convicção de que o objetivo das ações humanas precisava ser redefinido. Não se trata apenas de sucessos furtivos e passageiros, mas de uma profunda orientação em direção àquilo que Sócrates concebia como o bem. Uma vida bem-sucedida não exige a busca daquilo que se revela apenas temporariamente como satisfatório e efetivo, mas do que nos conduz de modo permanente e completo até o Bem.

A primeira reviravolta: O reconhecimento do não-saber

O oráculo de Delfos

O oráculo de Delfos exercia um papel importante no mundo da Antiguidade. Representava para os gregos uma autoridade importante de inspiração divina. Várias estórias de sucesso levaram a tal convicção. O oráculo de Atenas, por exemplo, aconselhou os atenienses a se defenderem com um "castelo de madeira" contra a crescente superioridade dos persas. O líder ateniense Temístocles interpretou o conselho como uma indicação de que ele deveria apoiar-se na frota e, desta forma, investiu na construção de naus. Em seguida conseguiu derrotar os persas na batalha marítima de Salamis de modo decisivo.

Na maioria das vezes, porém, as declarações do oráculo eram misteriosas e permitiam interpretações diversas de suas profecias e conselhos. Diante da pergunta se deveria atacar o reino persa, o Rei Croesus da Lídia recebeu a seguinte premonição: “Caso ultrapasse o rio divisor, irá destruir um grande reino”.

Após perder a batalha contra os persas, Croesus precisou reconhecer, que na verdade o oráculo referiu-se ao seu próprio reino.

Foi logo este oráculo famoso que forneceu a Sócrates um importante impulso para a sua atuação pública. Até os seus trinta e poucos anos Sócrates evitava aparecer em público. Seu amigo Querofontes, porém, estava tão convicto de sua sabedoria, que procurou pessoalmente o oráculo. Conforme Sócrates relata em seu famoso discurso de defesa diante do tribunal ateniense, Querofontes, não apenas conhecido pela sua impetuosidade e espontaneidade, mas como suporte para a democracia ateniense, perguntou ao oráculo durante a sua visita a Delfos, se existia alguma pessoa mais sábia que Sócrates. Conforme esperava Querofontes, o oráculo respondeu que realmente ninguém era mais sábio do que Sócrates.

Para Sócrates o veredicto do deus Apolo, que se acreditava ser a inspiração para o oráculo, era uma surpresa. Pois até então havia chegado à seguinte conclusão sobre si mesmo: "Só sei que nada sei".

Só sei que nada sei.

Com isso Sócrates não queria dizer que não sabia de nada, mas que tinha consciência de que o seu saber a princípio seguro, ainda era falho em relação a alguns pontos decisivos. Como, porém, poderia conciliar o seu não-saber reconhecido e admitido perante si mesmo com o veredicto divino?

Tal pergunta mexia profundamente com Sócrates, posto que não era homem que questionava sem razão as tradições e autoridades vigentes. Por isso partiu primeiramente do princípio que normalmente o oráculo emite declarações verdadeiras. Mas não via nenhuma possibilidade do oráculo ter razão no que se referia a seu caso particular. De acordo com o seu modo de pensar, decidiu então averiguar o veredicto do oráculo. Já havia examinado a si próprio e se julgou falho. O veredicto oracular agora o forçava a examinar também os outros. O veredicto poderia apenas proceder, caso o saber dos outros fosse ainda mais falho que o seu, algo que Sócrates considerava quase impossível. Pois na verdade sentia uma grande lealdade à sua cidade natal, Atenas, e às suas leis, e, sendo assim, não acreditava que poderia ser mais sábio do que os seus regentes.

Desmascarando o não-saber

Deste modo, o veredicto oracular fez com que Sócrates começasse a atuar em público aos 35 anos. Sócrates deu início à sua averiguação examinando aquelas pessoas que marcavam de forma decisiva o destino de sua cidade natal: os estadistas e políticos de Atenas.

O não-saber dos políticos

Atenas não era apenas uma democracia, era também uma democracia direta. Não raro, grande parte dos cidadãos atenienses com direito a voto era convocada no caso de decisões importantes. Os políticos que desejavam impor as suas respectivas opiniões precisavam, assim, ser capazes de convencer milhares de ouvintes através de seus discursos durante as reuniões, que aconteciam ao ar livre. Em função disso os políticos normalmente eram excelentes oradores, sabiam apresentar os seus conteúdos a partir de argumentos eficazes e tinham a fama de serem especialmente experientes e sábios.

Sendo assim, Sócrates decidiu examinar o significado do veredicto oracular divino da seguinte forma: Foi até o político ateniense que era tido como um dos mais sábios para demonstrar que, neste caso, o oráculo só podia ter se enganado. Para sua surpresa, o primeiro diálogo com este político ocorreu de modo totalmente diferente do que esperava. No lugar da sabedoria, o interlocutor de Sócrates revelou um espantoso não-saber diante de questões essenciais.

> Então, pus-me a considerar, de mim para mim, que sou mais sábio do que esse homem, pois que, ao contrário, nenhum de nós sabe nada de belo e bom, mas aquele homem acredita saber alguma coi-

sa, sem sabê-la, enquanto eu, como não sei nada, também estou certo de não saber. Parece, pois, que eu seja mais sábio do que ele nisso – ainda que seja pouca coisa: não acredito saber aquilo que não sei.

Quem tem consciência de seu não-saber é mais sábio do que aquele que acredita saber tudo.

Sócrates precisou constatar que era superior a este homem famoso, pelo menos no que dizia respeito ao fato de ter reconhecido o seu próprio não-saber e também porque não sucumbia à ilusão de um aparente saber. Quando mais tarde envolveu um estadista, mais respeitado ainda, numa conversa para investigar a sabedoria dele, deparou-se novamente com bastante arrogância e um saber aparente, porém não com a sabedoria.

Após revelar o não-saber dos estadistas atenienses mais famosos, Sócrates chegou a uma conclusão espantosa: "procurando segundo o dedo do deus, pareceu-me que os mais estimados eram quase privados do melhor, e que, ao contrário, os outros, reputados ineptos, eram homens mais capazes quanto à sabedoria".

O não-saber dos poetas

No caso dos grandes oradores e peritos políticos, Sócrates então se deparou, ao contrário do que esperava, com muita arrogância e ignorância e não com um saber fundamentado. Desiludido, procurou então um outro grupo de homens (mulheres e escravos não contavam muito, apesar de todos os esforços democráticos): os poetas, que eram tidos como a elite intelectual da cidade e eram famosos por suas obras. Sócrates acreditava que pelo menos aqui seria menos ciente do que os outros. Porém, novamente teve de constatar que os poetas muitas vezes sabiam menos sobre o contexto e significado de sua obra do que seus intérpretes e críticos:

> Resumindo, todas as outras pessoas presentes discorriam melhor a respeito do que os poetas haviam escrito que os próprios autores; diante disso, descobri que não era por nenhum tipo de sabedoria que eles faziam versos, mas por uma propensão e inspiração natural que eu desconheço, como os adivinhos e vaticinadores, que dizem de fato muitas coisas belas, mas não conhecem nada do

> que dizem, e aproximadamente o mesmo, e isto eu percebi com clareza, é o que ocorre entre os poetas. E compreendi também que os poetas, pelo fato de fazerem poesias, julgavam-se os mais sábios dos homens até mesmo em outras coisas em que realmente não o eram.

Sócrates teve de constatar que o desempenho dos poetas decididamente era altamente criativo, mas não em função de um saber ou de uma sabedoria, e sim apenas por talento natural. Eles também não ofereciam um saber seguro.

O não-saber dos artesãos

Após ter falado com os políticos, oradores e poetas, Sócrates voltou-se por último aos "homens de ação" de sua época:

> No final, dirigi-me aos artesãos, que de sua arte tinha a consciência de não conhecer nada, e eles sabiam que eu os considerava conhecedores de numerosas e belas coisas. E não me equivoquei, eles conheciam coisas que eu não conhecia, e nisso eram mais sábios

> do que eu. Porém, ó atenienses, também os artesãos famosos apresentavam o mesmo defeito dos poetas: por conhecerem muito bem sua arte, cada um deles julgava-se extremamente sábio, até mesmo em outros assuntos de maior realce e dificuldade, e este importante defeito deslustrava toda sua sabedoria.

Mesmo junto aos construtores e artesãos, Sócrates não encontrava nada mais do que sobrestimação e um saber apenas aparente no que se referia às questões relativas à sabedoria.

No final restava-lhe apenas a compreensão resignada, de que todos aqueles por ele interrogados mal sabiam que o seu saber era falho e insuficiente. Por isso, diferente do que esperava, teve que chegar à conclusão que de fato ele era o mais sábio. Pois, pelo menos tinha consciência de seu próprio não-saber.

Consolidar as experiências através do saber

Quem lê os diálogos de Platão, nos quais, pelo menos nas primeiras obras,

Sócrates é descrito segundo sua própria concepção e metodologia, não tem como não admirar a sagacidade deste questionador modesto. Pelo visto, Sócrates conseguia guardar sem maiores esforços o decurso de uma conversa, voltando sempre para o ponto crítico da respectiva investigação. Abastecia-se, ao mesmo tempo, de suas próprias e bem fundamentadas experiências. Apesar de assumir para si que não encontrou a resposta para várias questões, Sócrates por vezes tinha um tipo de compreensão que era equivalente ou até superior à daqueles que eram tidos como peritos.

Quando Sócrates, pouco antes de sua condenação à morte, procurou elucidar, com o sacerdote Eutífron, a questão da piedade, partiu de sua própria e profunda piedade. Já seguia naquela época havia muito tempo uma voz interior, que por vezes o alertava perante algumas ações específicas, como, por exemplo, o conselho de não participar da política ateniense. Tal conselho provou ser útil, pois quase todos os políticos poderosos acabavam se prejudicando. Em função da constante alternância política entre democracia e aristocracia, dissidentes eram banidos ou condenados à morte pela facção que no momento se encontrasse no poder. O próprio Sócrates escapou deste destino, pelo menos até os 70 anos, algo que certamente não teria sido possível caso tivesse participado das turbulências de seu tempo.

Ao discutir com o herói de guerra Laques sobre a essência da coragem, Sócrates novamente partia de sua própria experiência. Durante a sua vida, Socrátes participou de ao menos três guerras civis gregas como soldado, destacando-se por uma coragem pouco comum. Chegou a salvar a vida de Alcibíades, futuro líder ateniense, quando o carregou ferido no meio do rebuliço da batalha para fora do campo. Sócrates também demonstrava coragem no âmbito da política. Um dia foi forçado a assumir um cargo político e incumbido, através dos trinta tiranos, de deter um inocente, porém politicamente indobrável, e conduzi-lo à pena de morte. Ao invés de seguir a ordem, Sócrates foi para casa sossegadamente e não tomou nenhuma providência. Provavelmente foi salvo apenas em função da dissolução do poder dos tiranos que ocorreu logo em seguida.

O próprio Sócrates descreve esta situação em seu discurso de defesa diante dos atenienses da seguinte maneira:

> Quando veio a oligarquia, os Trinta, novamente tendo-me chamado, em quinto lugar, ao Tolo, ordenaram-me que fosse à Salamina buscar o Leão Salamínio, para que fosse morto. Muitos fatos desse gênero tinham sido ordenados a muitos outros, com o fim de cobrir de infâmia quantos pudessem. Também naquele momento, não com palavras, mas com fatos, demonstrei de novo que a morte não me importava, ou me importava menos que um figo, eu diria se não fosse indelicado dizê-lo. Mas não fazer nada de injusto e de ímpio, isso sim me importa acima de tudo. Pois aquele governo, embora tão violento, não me intimidou, para que fizesse alguma injustiça; mas quando saímos de Tolo, os outros quatro foram a Salamina e trouxeram Leão, e eu, ao contrário, afastei-me deles e fui para casa. Naquela ocasião, eu teria sido morto se o governo não fosse derru-

bado pouco depois. E disso tendes testemunhas em grande número.

Sócrates era famoso por sua coragem entre os seus contemporâneos. Mesmo assim não se deslumbrou com sua própria biografia. Quando o guerreiro Laques propagou a coragem do amigo como a forma real da coragem, Sócrates retrucou:

> Foi por isso que eu disse a pouco que era minha culpa de não me haveres respondido certo, por eu não ter sabido formular a pergunta. Porque eu não queria que me dissesses apenas quem é corajoso na infantaria, mas também na cavalaria e em tudo o que for pertinente à guerra, e não apenas na guerra, como também nos perigos do mar, quem revela coragem nas doenças, na pobreza, nos negócios públicos; mais, ainda: quem é corajoso não somente em relação à dor e ao medo, mas também forte contra os apetites e os prazeres, assim quando os enfrenta como quando foge deles. Há também Laques, quem revela coragem nessas situações.

Em seguida, estendeu a possível definição para o autodomínio e a auto-superação do ser humano: "Todas essas pessoas são corajosas; umas, porém, revelam coragem nos prazeres; outras nas tristezas, outras ainda nos apetites, e algumas mais nas situações de incutir medo. Mas há também, quero crer, quem se mostre covarde em condições idênticas".

Surpreendentemente, nem o sacerdote Eutífron, nem o guerreiro Laquês no final são capazes de aprimorar e elucidar as respectivas definições de Sócrates. Por isso, as duas discussões terminaram para Sócrates à medida que não foi possível encontrar uma solução satisfatória em relação às questões a respeito da piedade e da coragem. Ficou claro apenas o que não procedia nestes casos, e a eliminação de definições insuficientes por si só já era considerada um avanço para Sócrates.

Nestes diálogos, Sócrates demonstrava que se concentrava principalmente naquelas idéias que ainda eram insuficientes. Tinha as suas próprias idéias e eram exatamente estas que desejava examinar com a ajuda de seus interlocutores. Replicava, por exemplo, em uma determinada passagem ao sacerdote Eutífron: "Magnífico Eutífron, respondeste como eu desejava que o fizesse. Se está certa a resposta, não saberei dizê-lo; porém não duvido que irás acabar de demonstrar-me a verdade do que dizes". Mais adiante, quando discutia a questão da piedade, disse: "Mas não devemos nós, Eutífron, examinar se ela [a tua opinião] é ou não correta? Ou nos contentaremos com isto e desistiremos de fazer perguntas a nós próprios e aos outros, aceitando como verdade tudo aquilo que nos afirmam que é verdade? Não devemos submeter a exame aquilo que nos dizem?"

Sei bem que não sou sábio, nem muito nem pouco.

Mais tarde, diante do conselho dos atenienses, Sócrates enfatizou: "Sei bem que não sou sábio, nem muito nem pouco".

No decorrer da história, Sócrates foi acusado repetidamente de falsa modéstia. Diziam que apenas fingia que nada sabia, para assim desnortear e comprometer os seus interlocutores. Apesar do fato de Sócrates ficar com a razão em praticamente todos os seus diálogos e suas perguntas, que à primeira vista pareciam quase cínicas, ele enfatizava sempre que não se tratava de vencer, mas desvendar juntamente, através do diálogo, a verdade, ou, pelo menos, obter uma clara idéia a respeito do não-saber pessoal. Sócrates pouco se importava quando perguntas importantes não eram esclarecidas num único diálogo. Contentava-se em delimitar primeiramente o âmbito do não-saber.

Inteligente é aquele que sabe que não sabe.

Em função de sua busca radical pela verdade, Sócrates chocou-se diversas vezes com os sofistas, a elite de consultores e instrutores atenienses, que preparavam os filhos dos nobres e também os filhos da burguesia ascendente para uma carreira política de sucesso. Desmascarou o fato de, apesar da elite de consultores oferecer generosamente conceitos e conselhos, seu ponto de vista não sobrevive a um exame mais minucioso.

O não-saber e a gestão

Nos tempos de hoje, Sócrates passaria por experiências semelhantes, no que diz respeito à gestão moderna. Deparar-se-ia com gestores astuciosos, perfeitamente cientes das regras da política de gestão, mas que no fundo sabem bem menos sobre liderança efetiva ou estratégias duradouras do que dizem e fazem os outros acreditar.

Encontraria jovens criativos, envaidecidos com as suas idéias. Mesmo quando não se baseiam num saber fundamentado sobre as relações na gestão e no mercado, são, sim, apenas fruto de seu talento. E mesmo uma campanha de marketing altamente criativa nem sempre é a expressão máxima da sapiência. Quem sabe, existem outras possibilidade bem melhores, chances promissoras que não foram aproveitadas?

Também aqueles detentores de grande experiência prática na área da gestão envaidecem-se freqüentemente com o sucesso, sem realmente compreender o contexto mais amplo, surpreendendo-se quando de repente surgem problemas com os quais jamais contaram.

Sem falar das consultorias dispendiosas, que muitas vezes se desfazem no ar, pois os próprios consultores não compreenderam bem os conceitos aplicados no que diz respeito à sua importância e significado e jamais se preocuparam em averiguar criticamente a filosofia que se encontra por trás dos conceitos de consultoria, para assim encontrar um fundamento mais seguro.

Provavelmente o próprio Sócrates seria o pesadelo de todos os inovadores na gestão. Questionaria criticamente os fundamentos de seus raciocínios e suas ações. Que concepção de homem se encontra por trás das respectivas formas de lidar com os colaboradores? Como são vistos os clientes? Quais os objetivos fundamentais que uma empresa deve ambicionar? Existem vários aspectos que necessitam ser concretizados em sua totalidade para que o empreendimento tenha êxito? Trata-se realmente apenas do lucro dos investidores, do *Shareholder-Value*?

Um gestor que se orienta a partir dos princípios socráticos, no final será capaz, de selecionar, através de um raciocínio crítico, o que, no meio da torrente dos sempre novos e por vezes insignificantes métodos de gestão, realmente tem valor duradouro. Deste modo trabalhará apenas com conceitos averiguados e contundentes, e, sendo assim, terá grandes chances de obter mais êxito.

Como, porém, Sócrates encaminharia esta sua profunda compreensão do não-saber articulando-a com uma busca consistente do saber autêntico e seguro?

O poder do não-saber

A compreensão de seu próprio não-saber forneceu a Sócrates a base para um dos desempenhos intelectuais mais importantes da história ocidental. Simultaneamente, tal empreendimento lhe trouxe a inimizade da maioria dos sofistas, que se julgavam a real elite intelectual da Grécia.

A maioria dos sofistas era relativista. Não defendiam valores mais estáveis, a não ser o sucesso. Não se preocupavam em ajudar as pessoas a agirem de modo correto, orientando-as a partir de algum critério ético. Da mesma forma, não se preocupavam em encontrar verdades confiáveis, pois geralmente acreditavam que não existia nenhuma verdade objetiva. Segundo sua opinião, cada pessoa criava a sua própria verdade a seu bel-prazer e de acordo com os seus interesses pessoais. O que importava unicamente era a capacidade de convencer os outros de seu próprio ponto de vista.

Esta forma de pensar reflete de modo assustador aquilo que vivemos atualmente no mundo empresarial. Consideramos, por exemplo, um encontro no qual pretende-se discutir o orçamento para o próximo ano. Quase ninguém dos participantes se interessará mais concretamente pelos desafios que o ano vindouro poderá trazer, no sentido de estipular o orçamento de acordo com tais circunstâncias. Todos se interessam apenas em garantir a maior parte do orçamento para o seu próprio uso. Fica em aberto se o empreendimento em questão faz sentido para a empresa como um todo. De certo modo, todos intuem que na realidade é praticamente impossível prever os acontecimentos dentro do âmbito de um ano.

As especulações tornam-se especialmente brilhantes quando se trata de estabelecer as metas para o próprio trabalho ou para o trabalho do departamento, principalmente se parte significativa do salário depende da realização destas metas. Prefere-se diminuir as metas, quando simultaneamente se faz grandes exigências em relação ao orçamento. Devido ao fato de a realização das estratégias da gestão depender principalmente das respectivas atribuições do orçamento e de um ajuste de desempenho e meta, isto significa que a princípio toda direção estratégica da empresa se vê anualmente exposta aos jogos de poder e jogos políticos dos departamentos e setores.

Sócrates não concordava com a opinião dos sofistas, segundo a qual tudo na vida é relativo e assim também não aprovaria os joguinhos políticos das empresas. Considerava mesmo o sucesso frágil, a não ser que este se fundamentasse numa compreensão mais profunda e em valores mais estáveis.

O que o ponto de vista socrático acerca do não-saber pode nos ensinar em relação à área da gestão? Em que pontos de nosso empreendimento Sócrates identificaria um não-saber mais substancial e para que perguntas direcionaria a nossa atenção?

Mas Sócrates não questionava tudo. Demonstrava, por exemplo, um notável desinteresse frente às questões relativas ao cosmo e à natureza. E quando participava de um banquete com seus amigos, que o apreciavam em função de sua simpatia e perspicácia, não questionava a escolha da comida ou da bebida de seu anfitrião. Sócrates não se dedicava a todas as questões, mas especificamente àquelas que considerava importantes e essenciais.

Deste modo, o empresário que segue o exemplo de Sócrates identificará primeiramente onde algum saber apenas aparente torna-se perigoso para o sucesso do empreendimento. Somente então iniciará um processo de questionamento sistemático na área identificada como problemática e importante. Como, porém, estas questões podem ser identificadas?

A procura pela verdade no diálogo

A disponibilidade de averiguar de forma crítica o seu saber em relação aos pontos que considera importantes, constitui a perspectiva singular e talvez mais significativa, que Sócrates nos transmitiu através de seu princípio da procura pela sabedoria. Entre os seus amigos, ele era conhecido pelo fato de por vezes encontrar-se completamente imerso em seus pensamentos. Um dia, quando voltava de uma festividade, simplesmente parou no meio da rua. Um amigo o viu assim, imerso em seus pensamentos, parado por algumas horas.

Mas para o desgosto de muitos contemporâneos seus, Sócrates acreditava que o melhor caminho para o conhecimento fosse o diálogo irrestrito com outras pessoas.

Fazia uso regular desta possibilidade de comunicação para averiguar o seu próprio raciocínio a partir das idéias dos outros.

Diante do tribunal de Atenas, Sócrates enfatizou novamente que não desmascarava o saber apenas aparente e sem compromisso por pura arrogância, e sim em função de um real interesse em obter um conhecimento mais confiável: "Pois, a cada instante, os presentes acreditam que eu seja sábio naquilo que refuto aos outros". Mas isto não procedia de forma alguma. Sócrates percebia o seu modo de se debruçar sobre o saber do outro, principalmente como um instrumento importante para obter pessoalmente um saber mais verdadeiro. Acreditava que superava os seus interlocutores apenas em função de sua capacidade de reconhecer respostas incorretas em relação a questões essenciais. Isto não significava que sabia a resposta, apenas não se satisfazia com aquilo que era errado ou insuficiente.

Muitos concidadãos ofendiam-se com a postura irredutível de Sócrates diante de falsos saberes. Isto se chocava com seus planos de carreira, com as mentiras que formavam os alicerces de suas vidas. Conviviam bem com o fato de enganarem aos outros e a si próprios e de repente percebiam que os fundamentos de sua vida estavam sendo ameaçados. Estes homens eram verdadeiros virtuosos quando se tratava de manipular a opinião pública e influenciar decisões coletivas para que lhes servissem pessoalmente. Sentiam-se, no entanto, totalmente sobrecarregados quando a questão era saber o que realmente fosse o melhor para todos em longo prazo. O que importava não era o saber, era a influência.

No diálogo com o sofista e político Cálicles, que acreditava firmemente que o direito natural fosse nada mais que o direito dos mais fortes e que filosofar em excesso apenas impediria o homem de ação de investir de modo eficiente a sua própria força em sua vida, Sócrates critica a concepção segundo a qual o saber excessivo é prejudicial:

> De uma feita, cheguei a ouvir quando determináveis até que ponto seria aconselhável cultivar a sabedoria, tendo certeza de que prevaleceu a opinião de que não é conveniente prolongar demais semelhante estudo. Chegastes, até, a tomar o compromisso uns com os outros de não vós tornardes sábios além da conta, para não virdes a vos arruinar involuntariamente.

No passado, muitos empreendedores acreditavam que o saber em excesso apenas conduz a escrúpulos e prejudica o poder de decisão. É possível que antigamente esta postura realmente fosse mais proveitosa. Atualmente, no entanto, encontra-se amplamente ultrapassada. Em uma economia do conhecimento marcada pela rede global e pelo fluxo de informação, as regras do jogo são outras. Por agora o sucesso encontra-se mais relacionado à concepção de um gestor que fomenta a criatividade e a transparência tanto política como no que diz respeito à informação. Em determinada esfera, porém, a situação tornou-se claramente mais aguda: A tolerância em relação a erros cometidos na área da gestão diminuiu consideravelmente. Em face da concorrência global, é praticamente impossível errar sem que se acarrete maiores conseqüências. Neste sentido, negar o não-saber e recusar-se a lidar com este de modo produtivo torna-se gradativamente mais complicado. O caso da empresa Siemens®, cuja divisão de telefones móveis acarretou um prejuízo atrás do outro, tendo de ser vendida em 2005 ao consórcio taiwanês BenQ®, é um exemplo bastante atual. Atualmente acusa-se a antiga gestão desta seção da Siemens® de ter dormido no ponto no que diz respeito a tendências importantes como telefones móveis ou celulares com câmera, *display* de cores e Mp3. Quando a BenQ® retirou, apenas um ano após a compra, o apoio financeiro que prestava à seção de produção da Alemanha, fato que forçou a filial a declarar insolvência, o alvoroço foi grande. A Siemens® foi acusada de ter se livrado de modo indireto de seus colaboradores do setor de telefones móveis. Os gestores da Siemens® e o chefe do conselho de administração, também presidente da comissão diretiva, Heinrich von Pierer, porém, reagiram surpresos diante do súbito fim da produção alemã para a empresa BenQ®.

Este é um exemplo típico da complexidade do não-saber: dormia-se no ponto em relação a algumas tendências e ninguém esperava que com isso a concessionária inteira da Siemens® um dia estaria no meio do fogo cruzado da crítica. Ou então a Siemens® realmente não sabia que provavelmente a BenQ® se interessava basicamente pelas patentes da Siemens® para, logo em seguida, fechar a produção alemã. Ou talvez não tivesse consciência do imenso dano que tal evento iria causar na imagem da empresa como um todo. Outra possibilidade é a existência de um não-saber em relação aos dois pontos.

No momento em que este livro está sendo escrito, o exemplo mencionado é atual. Porém, não se trata, nem de longe, de um caso isolado. Na economia normalmente existem triunfos e derrotas, sucessos e fracassos, e quase sempre o não-saber está presente. Se a Siemens® e os outros perdedores soubessem o que esperava por eles, certamente teriam agido diferente.

Torne-se um especialista no não-saber

Em que lugar da gestão existe um não-saber mais específico? Em muitos setores. É cada vez mais difícil controlar o presente e prever o futuro na economia mundialmente entrelaçada.

Experimente analisar, a partir da perspectiva do não-saber, o seu próprio âmbito de trabalho, a sua empresa, a economia, a vida em si. Todo mundo que fizer isso se surpreenderá. Existem tantas coisas que não sabemos, tantas convicções e idéias, que não podemos realmente explicar e provar, caso um dia as questionemos. Algumas coisas simplesmente assumimos dos outros, sem jamais averiguá-las ou refletir sobre elas por conta própria.

Uma forma de reconhecer melhor o nosso próprio não-saber no dia-a-dia, seria simplesmente não ignorar aquele tipo de sentimento estranho de que algo não procede. Sócrates transformou esta postura de não ignorar este tipo de sentimento ou de dissimulá-lo perante os outros em um princípio de sua vida. Após uma longa discussão com Críton sobre a essência e a utilidade da temperança, subitamente foi acometido pela estranha sensação de que a discussão não estava se desenvolvendo de modo correto. Admitiu isso sem hesitar, conforme relata: "Tenho a impressão – continuei – de que estou dizendo algum disparate; de todo modo, devemos examinar qualquer idéia que nos ocorra sem deixá-la se perder levianamente, pelo mínimo respeito que devemos ter para conosco mesmos". Tão logo surgisse algum tipo de dúvida, Sócrates parava imediatamente. Tinha convicção de que,

Jamais ignore a dúvida.

enquanto seres humanos, jamais devemos ignorar a dúvida.

Quem pergunta, conduz

Em face da pressão crescente em função da concorrência presente nas empresas, muitas pessoas começam a se perguntar se a forma a partir da qual se gerenciava até então não vai chegar ao seu limite. Cada vez mais empresas e também grandes concessionárias, experimentam o insucesso em diversas áreas ou então passam por crises que ameaçam a sua existência. E este é apenas o início. Quando países como China, Índia ou Brasil tiverem se desenvolvido plenamente, a insegurança crescerá substancialmente. O futuro ainda trará muitas questões. Sendo assim, teremos vantagens significativas na competição e no final nos destacaremos no que diz respeito ao saber, caso aprendamos ainda hoje a nos abrir para o nosso não-saber e a encontrar caminhos eficazes para superá-lo.

Porém, qual é a realidade atual das empresas? Vocês jamais ouviram alguém dizer em alguma reunião: "Isto eu não sei"? Nunca pronunciaram tal frase na frente de colegas ou líderes? O máximo que se admite é "ainda estamos pesquisando". Que tal dizer: "Isso nem me passou pela cabeça"? A maioria dos empreendimentos funciona de tal modo que a confissão do não-saber é interpretada como uma fraqueza crítica. Porém, apenas quando nos tornamos mais conscientes na presença de questões importantes, isto é, desenvolvemos uma intuição a respeito do não-saber, podemos caminhar na direção de respostas que fazem sentido.

Uma das maiores fontes para a superação do não-saber encontra-se no saber dos colaboradores. Mais do que nunca, as empresas necessitam de inovações constantes e estratégias efetivas para se afirmarem no mercado global.

Mas qual o saber que os seus colaboradores possuem? E onde existem perigosas lacunas de saber? O melhor caminho para descobri-lo é fazer perguntas de modo bem direcionado.

Caso na próxima reunião algum colaborador comece a falar de temas que você não conhece bem, simplesmente pergunte: “A que o senhor está se referindo?” Isto pode lhe ajudar de modo decisivo. Segundo Sócrates, o que importa é investigar de modo mais concreto possível. Assim você receberá uma resposta que lhe satisfaz, ou então desmascarará um saber apenas aparente ou inexistente, e, quem sabe, a discussão poderá tomar um rumo mais produtivo. Pois quem se percebe confrontado com um “o quê?”, “por quê?”, “para quem ou para que isso realmente serve?”, irá se esforçar pessoalmente para obter pontos de vista e conselhos mais bem fundamentados e defendidos.

Neste meio tempo, a criatividade e a capacidade de raciocínio dos colaboradores tornou-se parte integrante do valor agregado da maioria das empresas. Apesar de muitas vezes eles não poderem interferir diretamente nas decisões, hoje em dia precisam participar pensando, no sentido de assegurar o sucesso da empresa.

Como, porém, cativar os colaboradores para que cooperem com entusiasmo? Pesquisas na área empresarial vêm mostrando que eles se empenham mais quando a medida prescrita os convence. E a melhor forma de convencê-los é permitir que participem do processo de tomada de decisões.

E é neste ponto decisivo que Sócrates se revela, a partir de seu método, uma valiosa ajuda para o executivo. Disse um dia que aprendeu, de seu pai (que era escultor), a dar a forma certa para as coisas e, de sua mãe (uma parteira), a trazer a verdade à luz. Sócrates não via sentido em impor as suas convicções aos outros. Pelo contrário, acreditava que a sua tarefa era ajudar os outros a colocar o seu próprio saber no mundo.

A isto se acrescenta um elemento psicológico: Normalmente as pessoas consideram muito simpáticos aqueles que se interessam pela sua opinião e que expressam tal fato perguntando bastante. A habilidade de perguntar pode lhe servir tanto como um norte como também um valioso instrumento de aprendizagem.

Antes de tudo, você deveria fazer um inventário sincero do seu não-saber. Logo hoje, nos tempos da internet, as possibilidades de informação são praticamente ilimitadas. A partir do momento que você for sincero consigo mesmo e assumir as lacunas de seu saber, poderá tranqüilamente preenchê-las de modo mais reservado.

Logo que tiver adquirido uma base respeitável de um saber relativamente seguro, você será mais apto para conduzir os seus colaboradores, colegas e gestores para soluções efetivas através de perguntas inteligentes e respeitosas. Deste modo, seu poder de ação se fortalecerá decididamente e sua insegurança diminuirá. Assim poderá ser soberano de modo mais autêntico.

A confissão de seu não-saber, porém, não lhe ajudará apenas no sentido profissional, mas, sobretudo, no âmbito particular. Na relação com o parceiro e os filhos, nada parece mais confiável do que quando você se reporta a um saber aprovado ou seguro, ou então se mostra sempre disponível para tomar consciência, expondo as suas dúvidas, quando isto se justifica.

Sobre como lidar com o não-saber

Quando você deseja que o não-saber lhe guie na sua tarefa enquanto chefe, você precisa definir o seu próprio não-saber de modo correto. Ele pode facilmente ser investido como um instrumento que presta auxílio na tomada de decisões referentes à gestão. Para tal, no entanto, precisa ser reconhecido e definido de modo correto. Podemos distinguir entre duas formas do não-saber: Existe um não-saber específico. Através de um questionamento habilidoso torna-se claro que uma pessoa ou empresa ainda possui marcantes lacunas no saber. Neste ponto ainda não é importante determinar se este déficit de informação pode ser superado de modo realista, quem sabe através de uma pesquisa de mercado mais direcionada, ou se as respectivas decisões precisam ser tomadas considerando-se os respectivos não-saberes. De qualquer forma, é sempre sensato explicitar claramente as específicas lacunas de saber e procurar por respostas que façam sentido. Um não-saber específico facilita a conquista de um saber relevante, pois temos consciência das informações que nos faltam – isto significa que conhecemos as perguntas – ou então nos encoraja a abdicar conscientemente de preencher as lacunas do saber, pois o investimento e os custos seriam altos demais.

Existe também um não-saber não específico. Neste caso não conhecemos as perguntas. Um exemplo disso é o desenvolvimento da internet. Quem, entre nós, poderia realmente saber de antemão o quanto a *World Wide Web* modificaria e ainda modifica o nosso mundo? No caso das decisões referentes à gestão sempre permanece uma parcela de risco, pois ninguém é capaz de conhecer todos os fatores que podem influenciar o desfecho duma determinada questão. Quando se trata de tomar decisões, é proveitoso considerar as lacunas. Um não-saber não específico como este assume importância central quando se trata de questões referentes ao futuro: Ninguém realmente sabe como será o futuro. Por vezes podemos esclarecer o que o futuro nos reserva com a ajuda de *Worst-case-szenarios* ou *Best-case-szenarios*.

Sócrates realizou seu trabalho filosófico considerando os dois tipos de não-saber. Por um lado sempre tornava a perguntar quando, por exemplo, a definição de um conceito não era suficientemente concreta. Neste sentido insistia em superar o não-saber específico.

Por outro lado, porém, Sócrates aplicava igualmente o não-saber não específico. Quando, aos 70 anos, foi acusado de blasfêmia e desvio da juventude, justificou sua indiferença diante da possível condenação à morte, alegando que nenhum ser humano sabe como realmente será a (possível) vida após a morte. Devido ao fato de ninguém saber disso, não fazia sentido ter medo da morte, pois talvez também estivesse ligada a aspectos positivos. Deste modo, Sócrates disse aos juízes após sua condenação à morte: "Mas, está na hora de irmos: eu, para morrer; vós, para viver. A quem tocou a melhor parte, é o que nenhum de nós pode saber, exceto a divindade".

Áreas de não-saber na gestão

Todo empreendedor se vê confrontado com a tarefa de contribuir para o sucesso da empresa. Para tal, precisa conhecer o mercado como também as possibilidades e limitações do seu próprio empreendimento. E a partir daí precisa desenvolver estratégias efetivas para o empreendimento e contribuir para realizá-las.

Erros acontecem quando idéias equivocadas prevalecem sobre a realidade do mercado ou a capacidade da empresa ou então quando não nos dedicamos suficientemente à solução de problemas e à percepção de oportunidades. Neste sentido, a distinção do não-saber em duas áreas diferentes contribui significativamente para não tomarmos decisões errôneas.

O não-saber em relação aos déficits de percepção

Decisões corretas normalmente exigem informações corretas sobre o mundo externo e o interno. Antes de tomar decisões importantes, um empreendimento responsável certamente procura colher todas as informações corretas para obter uma orientação mais especializada. Mesmo assim, erros sempre ocorrem. Uma das razões essenciais disso associa-se aos déficits de percepção.

Sucessos e insucessos do *passado* podem ser interpretados erroneamente. Por um lado tal fato pode impedir preciosas oportunidades de aprendizagem, caso os erros do passado não forem reconhecidos de modo correto. Por outro, os sucessos do passado podem nos transmitir um sentimento ilusório de segurança: Mudanças decisivas não são percebidas ou então simplesmente não nos sentimos impelidos a lhes dar atenção.

Déficits de percepção ocorrem igualmente quando a atual situação do mercado e do empreendimento não for avaliada corretamente ou então simplesmente não ocorre uma análise mais abrangente.

Mesmo no caso de uma percepção correta do passado e do presente, o empreendimento pode fracassar em relação ao prognóstico do *futuro,* que deduz da situação passada e presente.

A consciência de que há um não-saber neste âmbito pode nos levar a lidar de modo mais produtivo com os desafios da gestão: Quando a respectiva decisão não for tão urgente e permitir o adiamento sem correr maiores riscos, este tempo deveria ser aproveitado para obter um maior número de informações relevantes para preparar melhor a decisão em questão. E, mesmo quando este tempo não existe, o simples reconhecimento do não-saber pode nos ajudar a, ao menos, avaliar melhor o risco da decisão e, conseqüentemente, agir de modo mais consciente.

O não-saber dos conceitos

O não-saber também existe no âmbito dos conceitos. Enquanto indivíduos, nós mesmos acabamos criando as definições para os conceitos que utilizamos. Mas será que também entendemos a definição que o nosso parceiro atribui a um conceito importante? E como podemos alcançar uma definição comum ou pelo menos a compreensão de uma posição diferente? No mundo empresarial há grande falta de critério quando se trata da questão dos conceitos.

Desse modo, certos conceitos são lançados e propagados em discussões e reuniões com o intuito de derrubar o outro. Ou então carregam uma conotação muito subjetiva e são defendidos veementemente de acordo com o tamanho do ego de quem discute. Não seria mais aconselhável admitir abertamente que os conceitos são utilizados de modo impreciso e insistir na criação de uma definição coletiva? Isto não será apenas proveitoso para o âmbito interno do empreendimento. Também parecemos mais competentes para o âmbito externo quando insistimos no esclarecimento de diversos conceitos como, por exemplo, no caso de incumbirmos um consultor de determinada missão.

As palavras e os conceitos que utilizamos determinam sobretudo a nossa consciência. Todo empreendimento, que de algum modo acredita em si, atualmente se esforça por uma *Corporate Identity* mais abrangente possível. Quase nenhum âmbito contribuiu mais para a obtenção de uma identidade conjunta do que a nossa língua. Caso falássemos a mesma língua não apenas no que diz respeito ao idioma, mas também em relação às idéias, isto influenciaria fortemente a consciência coletiva. Quando a língua se torna um elemento de união pode-se criar uma unidade imbatível, independentemente de se tratar de uma equipe, de uma seção ou da empresa como um todo. Quando conseguimos esclarecer conjuntamente os conceitos mais importantes, encontrando assim uma língua comum, isto por si só causa um aumento no que diz respeito à identidade e à unidade, provocando um efeito positivo interno e, com o tempo, também externo.

A gestão baseada em evidências – A aplicação do não-saber

Um exemplo para a aplicação prática do não-saber, encontramo-lo na gestão baseada em evidências desenvolvidas pelos dois especialistas em gestão, Jeffrey Pfeffer e Robert Sutton, da Universidade de Stanford, nos Estados Unidos. Os dois defendem o princípio de que a gestão deveria se orientar mais estritamente pelos fatos, mais do que ocorreu até então em grandes empreendimentos. Citam como exemplo a compra da Compaq®, através da Hewlett-Packard®; um negócio de 25 bilhões de dólares e ao mesmo tempo uma decisão em parte responsável pelo baixo rendimento financeiro da Hewlett-Packard®. Os especialistas em gestão souberam por parte dos funcionários da Hewlett-Packard® que a empresa perguntou, somente meses após o pronunciamento oficial da incorporação da Compaq®, através da então presidente da comissão diretiva Carly Fiorina, pela primeira vez, aos seus clientes, como avaliavam os produtos da Compaq®. Veio à tona que a maioria tinha uma idéia negativa sobre a Compaq®, mas tinham uma opinião positiva em relação à Hewlett-Packard®. A esta altura era tarde demais para desistir desta incorporação dispendiosa.

Os dois especialistas em gestão defendem o ponto de vista de que, quando as decisões no âmbito da gestão se orientam estritamente a partir da respectiva realidade dos fatos, há uma vantagem significativa para o empreendimento. Recomendam duas posturas básicas concretas no modo de lidar com a gestão baseada em evidências, isto é, a gestão baseada em fatos concretos:

Por um lado, o gestor deve orientar as suas decisões estritamente pelos fatos, mesmo que estes não sejam apenas positivos para o empreendimento. Muitos empreendedores simplesmente não querem ouvir notícias ruins. Além disso, não estão dispostos a admitir o seu não-saber nem a aprender com os outros. Deste modo, o gestor não demonstra fraquezas evidentes e defende seu ego, a qualidade de suas decisões e de suas medidas, porém diminui proporcionalmente.

Por outro lado, os gestores devem considerar o seu empreendimento como algo incompleto, sempre em fluxo. Gestores bem-sucedidos têm consciência de que um empreendimento sempre se desenvolve numa determinada direção e tentam se certificar se esta direção também se adequa ao futuro. Destacam-se através de duas qualidades: Uma é a coragem de assumir riscos, e agem, se necessário, mesmo quando ainda não existem informações completas. A outra é a disposição para mudar de rumo, caso novos fatos venham a modificar o cenário. Têm plena consciência de suas lacunas de saber e assim não assumem riscos cegos, mas calculados.

Empreendedores de primeira linha, que aplicam esta forma de gestão com sucesso, também encorajam os seus colaboradores a aprenderem constantemente, mesmo quando lançam mão de medidas conhecidas e comprovadas, devem estar sempre abertos para formas novas e criativas de progresso.

Sócrates percebia sua intuição para o não-saber como a sua maior habilidade. O que ele repetia em tantas ocasiões vale também para a gestão: "É sábio apenas quem sabe que nada sabe. Não há mal em não saber, há em nada querer aprender".

É sábio apenas quem sabe que nada sabe.

Não há mal em não saber, há em nada querer aprender.

Excurso: A arte do diálogo

Quais as regras básicas para um diálogo bem-sucedido que conduza a um saber mais seguro ou, ao menos, à consciência do não-saber? E como você pode fazer uso destas regras? Sócrates configurou os seus diálogos a partir de regras que até hoje nos servem como modelo.

Respeito

Sócrates nunca teve a intenção de humilhar os seus interlocutores através de sua técnica irredutível de perguntar. Ao invés disso, desejava forçá-los a reconhecer o seu não-saber e a progredir em direção à verdade. Tinha profundo respeito diante do potencial de cada ser humano pensar e agir corretamente. Em seus diálogos jamais atacava o ser humano em si, mas sim sua recusa de encarar a verdade. Sócrates não tinha apenas respeito pelos seus interlocutores, exigia que eles igualmente o respeitassem. Quando Eutífron esquivou-se, durante a discussão sobre a piedade, desejando voltar para as suas antigas posições sem nenhuma reflexão, Sócrates retrucou: "Não me desdenhes, mas concentra teu espírito no máximo, para me dizeres por fim a verdade".

Trate o seu interlocutor com respeito.

Certamente você será capaz de imaginar o quão diferente seriam as reuniões, caso todos tivessem um real respeito com o outro e se, ao invés de descrições auto-referentes e longos discursos, que a princípio não dizem nada, houvesse uma interação objetiva de todos os participantes.

Para Sócrates, contava unicamente o esforço de se aprofundar nos conceitos. Caso o ponto de vista de seu parceiro se revelasse equivocado, via-se impelido a auxiliá-lo para que aprimorasse o seu conhecimento, porém não o exporia ao ridículo: "Em vez de ofendê-lo, procuremos instruí-lo".

Instrua o seu interlocutor, mas não o humilhe.

A verdade como meta

O cerne do princípio socrático encontra-se ligado a uma exigência clara: O mais importante é a busca da verdade, e não a pessoa. A primazia da verdade constituía para Sócrates a precondição para qualquer diálogo razoável. "Pois o que importa considerar não é quem disse o quê, porém se está certa ou errada a proposição". Este era um princípio socrático básico na busca da verdade.

Não importa quem diz alguma coisa, e sim o que se diz.

Vivemos num mundo de especialistas. O que mais importa é sempre aquilo que os supostos especialistas têm a dizer nas diversas áreas. E em caso de dúvida a razão, pelo menos dentro da empresa e segundo uma regra adaptada, será sempre daquele que ocupa a posição mais alta na hierarquia. Afinal de contas, não é errado esperar conselhos qualificados de pessoas, que se dedicaram de modo especial a determinada temática ou alcançaram uma posição mais elevada. O que, no entanto, não se indica, é simplesmente não submeter tal conselho a nenhum tipo de exame. Igualmente inadequado é simplesmente rejeitar os conselhos de pessoas que ocupam cargos mais simples, sem ao menos averiguá-los.

Principalmente nas reuniões, onde se encontram pessoas de diversos níveis hierárquicos, uma troca mais frutífera se desenvolverá apenas quando não nos desviarmos dos pontos centrais, deixando de lado questões subjetivas.

Quem realmente deseja contribuir de forma positiva para que o saber dentro do empreendimento aumente, precisa colocar os interesses pessoais em segundo plano e se preocupar apenas com contribuições objetivamente produtivas. São principalmente as "brigas de galo" (das quais por vezes também participam empreendedores do sexo feminino) que pouco adiantam neste sentido.

Para Sócrates, a intenção sincera de todos investigarem as coisas honesta e imparcialmente era tão decisiva que considerava as conversas que tinham como objetivo unicamente o desejo de se destacar, mesmo à custa da verdade, uma simples perda de tempo.

Quando se tratava da busca pela verdade, Sócrates não colocava a reputação da pessoa em primeiro lugar. Porém estava sempre disposto a aprender com os outros e aberto para contra-argumentos: "E caso o indagador fosse um daqueles sábios, artistas da disputa, versados nas palavras, a ele diria, por ora eu falei e caso não tenha me explicado de modo correto, cabe a ti assumir a palavra e me desmentir".

Esteja sempre aberto para contra-argumentos.

A segunda reviravolta: O ser humano como centro

O autoconhecimento como base das ações corretas

"Conheça-te a ti mesmo", era esta a famosa inscrição que se encontrava na entrada do templo de Apolo, em Delfos. Sócrates transformou este lema no ponto central de sua vida. Os filósofos mais antigos voltaram o olhar para fora. Queriam investigar o mundo ao seu redor. Por isso, se interessavam principalmente pelo cosmo e pelas leis da natureza. Os sofistas foram os primeiros que romperam com este olhar para a filosofia da natureza. Sua ambição estava voltada para o sucesso imediato do ser humano no sentido mais tradicional, para a sua carreira, sua capacidade de exercer poder e influência sobre os outros. Apenas Sócrates preocupava-se com o ser humano em si: De que forma deveria viver o ser humano? Quais os objetivos de sua

Conheça-te a ti mesmo.

vida? O que devemos entender por uma vida bem-sucedida? Para ele o autoconhecimento era parte importante da dedicação ao ser humano.

Pelo visto, Sócrates conhecia as suas próprias fraquezas, pois dava muita importância à autodisciplina. Deste modo destacou-se como soldado na guerra do Peloponeso por sua coragem e modéstia. Não se importava, por exemplo, em andar longas distâncias descalço. Ou então se recusava a aceitar os presentes em dinheiro que seus amigos ou seguidores gostariam de lhe dar. Quando um admirador queria presenteá-lo com uma casa maior, Sócrates recusou, alegando que não queria se amarrar excessivamente a bens mundanos. Ele não queria que as necessidades e a ganância humana habitual o desviassem de sua procura pela verdade e de seu desejo de ajudar os outros.

Para ele, a vida se resumia principalmente na busca pelo autoconhecimento e nas ações que se baseavam nesta busca: "E se repito que é este o maior bem do ser humano, o

Uma vida que não foi examinada não vale a pena ser vivida.

de dialogar diariamente sobre a virtude e sobre outros assuntos, sobre quais me vês falar e examinar a mim mesmo e aos outros e que uma vida sem autoconhecimento não merece sequer ser vivida, acreditais menos em mim se assim o direi".

Para Sócrates uma auto-análise mais substancial constitui também a base da preparação para um posto de liderança. Apesar do fato de Atenas constituir um centro para grandes políticos, artistas e pensadores, não foi capaz de fazer valer a sua liderança em toda a Grécia. Sócrates explicou este declínio da seguinte maneira para o filho do famoso Péricles:

> Não o vemos amiúde, que certas pessoas, exatamente por se encontrarem em vantagem em muitas coisas em relação aos outros, e por serem demasiadamente cônscios de seus privilégios e forças, caem no desleixo e se tornam inertes, e, por isso, por fim se tornam inábeis para lidar com os seus inimigos?

Não se acomode em seus talentos.

Atualmente esta postura encontra-se amplamente presente. Justamente os *High Potentials*, que usufruíram de boa educação e formação e se destacam em função de seus talentos, muitas vezes sucumbem diante da tentação de se contentar com um uso pouco proveitoso e sem reflexão de suas excepcionais possibilidades de sucesso. Neste sentido engrenam em uma carreira mediana, ao invés de se esforçar a usar plenamente o seu potencial. Não raro as conseqüências são comportamentos inadequados e carreiras fracassadas.

Quem analisa a si próprio irá perceber que ainda existem muitas coisas que ainda não sabe realmente, que ainda existem muitas áreas onde precisa adquirir mais experiência. Neste sentido o autoconhecimento se constitui como ponto de partida para um processo frutífero de aprendizagem.

A atual teoria da aprendizagem descreve o autoconhecimento como o verdadeiro impulso para uma aprendizagem real: Uma pessoa carente de determinada habilidade não irá se esforçar em aumentar as suas competências, enquanto não tiver consciência da própria insuficiência. Por isso o reconhecimento do não-saber, que por sua vez é antecedido por um processo de auto-reflexão, constitui o primeiro passo para uma aprendizagem de sucesso.

Sócrates atesta que se submeteu a esta auto-análise e que agora visa seriamente um saber verdadeiro: “Tenho uma maravilhosa qualidade que me salva: não me envergonho de aprender, eu me informo, pergunto e sou muito grato a quem me responde, e jamais privei alguém de meu agradecimento. Jamais neguei ter aprendido algo, passando o aprendido como idéia minha, como se eu o tivesse inventado”. Sócrates estava disponível para aprender, pois queria descobrir as verdadeiras razões das coisas. Era modesto suficientemente para saber que não poderia realizar este empreendimento sozinho, sabia que para tal necessitava de outras pessoas. Porém, assegurava para todos aqueles que o ajudavam em sua busca por um real conhecimento, que não iria simplesmente se apropriar de suas contribuições. Sócrates sempre se prontificava a atribuir publicamente o devido reconhecimento àquelas pessoas que eram a fonte de seu saber. Quem o ajudava não poderia temer que ele se apropriasse de seu saber, renegando as pessoas que o proporcionaram.

Esteja aberto para o novo e sempre disposto a aprender com os outros.

Esta postura sincera que prega "Honre aquele a quem a honra pertence", por si só, já aumentaria e aceleraria o fluxo de saber de muitos empreendimentos.

Quem, no âmbito de nossa economia do conhecimento, deseja liderar pessoas de modo eficaz, precisa expressar de forma autêntica uma autoridade natural. Lidamos com colaboradores extremamente inteligentes, que podem ser manipulados apenas de modo bem limitado. Eles necessitam de um superior que possam respeitar. Sócrates era uma pessoa assim. Aqueles que desejavam iludir os outros e se colocar em evidência hostilizavam-no em função de sua língua e intelecto afiados. Encontrava-se entre estes opositores Crítias, que a princípio era seu aluno e o tinha em grande estima. Quando, no entanto, tornou-se o líder dos 30 tiranos, que em curto prazo tomaram o poder em Atenas, e cuja ação de limpeza eliminou cerca de 1.500 opositores, em sua grande maioria democratas, Crítias aprovou uma lei que proibia filosofar em público. Crítias desejava atingir principalmente Sócrates a partir desta lei. Já tinha aprendido que era impossível desmenti-lo com argumentos convincentes. No entanto, as pessoas que estavam dispostas a defender o bem comum, que se preocupavam com a verdade ao invés de se colocar no centro das atenções almejando vantagens e privilégios, admiravam Sócrates como professor e amigo. À frente de todos encontrava-se Platão, que igualmente influenciou a posterioridade.

A procura pela verdade e pelo sentido da vida

Para Sócrates a dedicação ao ser humano não se reduzia apenas à auto-análise. Estar a serviço do bem-estar do próximo, ajudando-o em sua busca pela verdade e pelo sentido da vida, era o seu objetivo. Durante uma conversa, Antífon, um sofista, estranhou o fato de Sócrates preferir viver com vestes, comida e bebida simples, a não ser quando se tratava de banquetes, para os quais era convidado com freqüência. Antífon era da opinião de que a sabedoria elevada também deveria ser premiada, caso contrário não valeria a pena. Diante da série de argumentos apresentados a favor da riqueza, Sócrates respondeu:

> Pois bem, acreditas que existe algo tão prazeroso quanto o pensamento: "estou crescendo em bondade e estou tornando melhores meus amigos"? É, posso afirmar, o meu pensamento constante. Além disso, se a república ou os amigos precisarem de ajuda, quem dos dois terá mais disponibilidade para suprir suas necessidades, aquele que vive como eu vivo, ou aquele cuja vida consideras feliz? Qual dos dois achará a vida militar mais fácil, aquele que não consegue existir sem o alimento caro ou aquele que se contenta com aquilo que consegue? Qual dos dois, quando sitiado, se renderá primeiro, o que deseja fugir do que lhe é penoso ou o que consegue se sair bem com o que tem à mão? Parece que acreditas, Antífon, que a felicidade consiste no esbanjamento e na extravagância. Mas creio que não ter necessida-

> des é divino; ter o mínimo possível mais se aproxima do divino.

Sócrates se realizava à medida que melhorava a si próprio e também o outro, à medida que ajudava o outro a estabelecer prioridades mais importantes e a almejar aquilo que realmente importava na vida.

Permaneça modesto e ajude também os outros a se tornarem pessoas melhores.

Sócrates se alegrava sinceramente quando assumia o papel de mentor para os jovens e inexperientes. Neste sentido, explicou para Antífon:

> No que se refere a mim mesmo, sabes que todo mundo tem os seus caprichos, este em relação a um belo cavalo, aquele em relação a um belo cão ou pássaro; o meu sempre foi o de ter pessoas nobres como amigos. Quando sei de algo útil a eles, participo e também os recomendo a outros, pois a convivência lhes pode ser prestimosa para se tornarem melhores.

Consideraya o saber uma responsabilidade, e quando a este se dedicava não se dava ao luxo de ser guiado por motivos pessoais:

> O mesmo se refere aos sábios. Aqueles que vendem a sua ciência por dinheiro chamam-se sofistas; quem, no entanto, conhece um jovem feliz de família abastada e que, à medida que lhe transmite o melhor que sabe, não procura por outra vantagem a não ser a da amizade, diremos que atua conforme um cidadão nobre e honesto.

É fácil perceber por que razão Sócrates era tão popular entre a jovem elite de Atenas. Também você, quando exerce o papel de empreendedor, pode ser um mentor para outros. O colaborador que tem um superior que o ajuda a desenvolver o seu próprio potencial pode se considerar feliz. E todos aqueles que ocupam o lugar de um superior desta qualidade serão vistos como uma influência positiva.

Superar as próprias limitações

Sócrates não era um filósofo alheio ao mundo. Seu autoconhecimento era acompanhado por um profundo conhecimento da natureza humana, pois quem conhece a si mesmo consegue compreender e avaliar melhor os outros. Por isso, Sócrates se dirigia, na sua busca pela verdade, às pessoas das quais podia esperar um certo conhecimento acerca do assunto em questão.

Quase todos os interlocutores de Sócrates eram representantes típicos de uma determinada camada de Atenas e tinham, em função disso, os preconceitos típicos e as perspectivas limitadas desta camada. Por exemplo, na conversa com Laques, que era famoso como soldado e líder das forças armadas de Atenas, Sócrates falou sobre a coragem. Como era de se esperar Laques definiu a coragem como a qualidade de não se esquivar do inimigo na guerra. Quando Sócrates o perguntou se alguém também pudesse se revelar corajoso diante de outras situações adversas, como perigos no mar, doença ou pobreza, Laques reconheceu, gradativamente, que não compreendia realmente o que a coragem significa em sua essência e como se diferencia de outras posturas e atitudes.

Com o sacerdote Eutífron, por sua vez, Sócrates investigou a piedade. Mas também conversava com os artesãos sobre as suas atividades. Percebeu no caso de todos interlocutores, que eles percebiam o mundo a partir de sua perspectiva limitada. O guerreiro Laques via a coragem apenas na batalha, o sacerdote Eutífron referia-se somente à piedade ritualística e rígida. Os políticos se interessavam prioritariamente pelo poder e pela vida confortável que esperavam obter em função de sua posição. Sócrates, porém, sempre se recusava a se submeter a um cargo político. Segundo a sua opinião, pertencer a uma determinada classe conduziria a determinados preconceitos e antolhos mentais. Do mesmo modo interesses materiais ou obrigações antiéticas em relação aos amigos ou a família são capazes de tolher o poder de decisão. Sócrates não simpatizava com jogos políticos de intrigas e conchavos. Para ele existia apenas uma única forma de comunhão, que tinha prioridade em relação a tudo: a busca conjunta pela verdade.

O empreendedor também tem responsabilidades concretas, que muitas vezes o pressionam a se deixar absorver pela posição que ocupa na empresa. É mal-afamada, por exemplo, a costumeira controvérsia entre técnicos e especialistas em marketing quando se trata da concretização de uma idéia. Uns se encantam com as novas possibilidades técnicas, os outros se preocupam apenas em como (de preferência com baixos custos de produção) vender da melhor forma possível determinado produto. Dependendo do contexto de origem, o empreendedor, terá certos preconceitos, principalmente quando preside uma determinada seção. A real chefia da empresa, no entanto, se revela quando o interesse coletivo se encontra em primeiro plano e quando a gestão procura estar a serviço do bem-estar comum através de seu trabalho. A condição para tal, no entanto, é o autoconhecimento: apenas quando tenho consciência de que às vezes sou preconceituoso, posso atuar de modo mais direcionado. Quem nos der um bom exemplo neste sentido, poderá, pelo menos no caso de um empreendimento com valores produtivos e saudáveis, contribuir para que todos tenham o mesmo objetivo, ao invés de se perderem em interesses particulares.

Sendo assim, o objetivo em longo prazo do empreendimento seria, para Sócrates, promover, de modo sincero e altamente competente, simultaneamente o bem-estar de todos os participantes: investidores, colaboradores e sociedade. Naturalmente, isto nem sempre é possível na prática, pelo menos não desta forma. Mas mesmo assim devemos pelo menos almejá-lo. E a precondição para tal é o desejo de sabedoria e consciência: "Uma vez que todos nós desejamos ser felizes e que só conseguimos isso, conforme vimos, pelo uso das coisas, e mais: pelo seu bom uso, e este bom uso e o feliz êxito só o conhecimento proporciona. Será preciso, ao que parece, que cada um de nós se esforce por todos os modos para tornar-se o mais sábio possível".

Justamente por todos nós desejarmos a felicidade, devemos aspirar à sabedoria.

A terceira reviravolta: O bem enquanto objetivo

O que significa "bom"?

Quando Sócrates começou a atuar em público, existiam – conforme mencionado anteriormente – dois grupos filosóficos: os filósofos da natureza, que se dedicavam sem maiores aspirações às questões do cosmo e da natureza, e os sofistas, que desenvolveram técnicas aprimoradas para alcançarem o sucesso mundano. Sócrates trouxe uma nova perspectiva para as aspirações humanas. Acreditava que a missão do ser humano era viver do modo mais virtuoso possível. A noção de "virtude" parece-nos antiquada. Associamo-la a palavras como castidade e humildade, ascese e à idéia de uma suposta reforma do mundo. Mas não era isso que Sócrates tinha em mente. O seu conceito origina-se na palavra grega *areté*, que corresponde mais à idéia de "aptidão". Desta forma o "bom", no sentido de "virtuoso", seria aquilo que preenche melhor a sua função. Uma cadeira é boa quando podemos nos alojar confortavelmente nela e quando é estável o suficiente para suportar usuários mais pesados. No caso do ser humano, ser bom significa usar o seu potencial da melhor forma possível e fazer jus às suas responsabilidades. Neste sentido Sócrates, diferentemente do que mais tarde afirmará o seu aluno Platão, ainda não representava a idéia de um bem absoluto: "Não conheço nenhum bem que não serve para nada e não desejo conhecê-lo".

Todo bem tem um sentido.

O bom empreendedor

Como Sócrates definiria um bom empreendedor? Seria alguém que com o tempo se desenvolve cada vez mais através do auto-aprimoramento, cumprindo ao mesmo tempo as suas tarefas da melhor forma possível perante todos aqueles aos quais deve responsabilidade. Sucessos que não foram obtidos com decência não contavam para Sócrates. Quem compromete os seus valores em função do sucesso, no final não será capaz de obter bons resultados. Todas as ações deveriam ter como propósito alcançar um bom objetivo final. Isto também inclui aceitar aspectos desagradáveis como conseqüência. Fazer o bem envolve muitos aspectos agradáveis, porém o sentimento agradável não deve ser a razão para as boas ações, e sim a convicção de que é possível modificar as coisas através de boas ações: "Tudo, portanto, deve ser feito, até mesmo o agradável, em vista do bem, não o bem em vista do agradável".

Faça o bem em função do bem e não em razão das vantagens que ele envolve.

Todas as decisões tomadas durante a nossa vida encontram-se vinculadas a uma hierarquia de valores e objetivos. Sempre buscamos, consciente ou inconscientemente, determinados resultados a partir de nossas ações. A área da gestão não é exceção. Uma boa decisão, por exemplo, aumenta o capital de giro ou a quota de mercado do empreendimento, diminui custos ou conduz a novas possibilidades para a empresa. Deste modo, todas as decisões boas contribuem para um lucro duradouro da empresa.

Porém, conforme muitas vezes ocorre, a obtenção de lucro pode prejudicar a imagem da empresa, diminuindo a possibilidade de lucros duradouros. Tornou-se quase um clichê falar do tipo de empresa que, em função do lucro, atua de modo antiecológico ou então não estabelece medidas sociais mais rígidas em relação ao seu pólo de produção no Extremo Oriente. Mas as estratégias mais elaboradas também podem, em longo prazo, revelar-se um tiro no próprio pé.

Mesmo quando para você, empreendedor responsável e consciente, o objetivo final de suas ações for naturalmente o sucesso de seu empreendimento, nem sempre é fácil estabelecer quais as decisões e ações que o sustentarão em longo prazo.

A questão sobre o bem torna-se mais complexa ainda quando você a analisa em relação à sua vida como um todo. Pode ser bom para a empresa e para a sua função nela, quando, num momento crítico, você se dedica, trabalhando mais tempo, à solução dos problemas da empresa. Mas ao mesmo tempo isso pode ter um efeito negativo na sua vida familiar. Segundo Sócrates, o que importa neste caso, é desenvolver prioridades claras, estabelecendo em seguida um equilíbrio baseado nelas que se estenda a todas as esferas da vida.

Quando falamos de modo mais abrangente do "bom" empreendedor, e não apenas sobre boas decisões ou ações, alcançamos um nível mais amplo do bem.

Bom é apenas o que faz de você uma boa pessoa.

Para Sócrates fazia parte do bem usar o próprio potencial da melhor forma possível. Isto significa que, enquanto empreendedor, você não deve apenas almejar tomar boas decisões ou assumir boas medidas de liderança. Em primeiro lugar, você precisa se programar. O processo de contínuo auto-aprimoramento representava para Sócrates o ponto de partida na busca do bem. Uma pessoa é apenas capaz de conduzir bem os outros, quando se trabalhou e se tornou "boa" através do autoconhecimento e da autogestão. Afinal de contas, Sócrates percebe como bom apenas aquilo que conduz a vida da pessoa para uma boa direção: "Poderá ser bom o que não os leva a ser boas pessoas?".

Isto se refere tanto aos empreendimentos como às pessoas. Quando o resultado de uma boa ação não é o auto-aprimoramento, então a decisão em questão não foi boa em longo prazo.

Mesmo quando Sócrates foi condenado à morte e seus amigos tentaram convencê-lo a fugir, ele não abriu mão de seus valores e objetivos. Permaneceu firme em relação àquilo que considerava virtuoso até o amargo fim: Enquanto cidadão ateniense, sempre se considerou responsável pela coletividade, e não abriu mão da lealdade, mesmo quando esta representou a sua própria morte. Segundo seu ponto de vista, o ser humano só poderia levar uma vida com sentido, voltado para seus objetivos, quando alcançasse clareza sobre seus objetivos e motivos.

Na conversa com o jovem nobre Líside, Sócrates se expressou da seguinte maneira:

> Todo o seu anseio não se relaciona com os meios por que ele tanto se empenha para alcançar um determinado fim, mas com o próprio objeto, por amor do qual todos os outros são tomados em consideração. Conquanto digamos

> com freqüência que fazemos grande caso do ouro e da prata, o certo é que não falamos a verdade; o que realmente estimamos acima de tudo é aquilo que se revela como sendo o fim, por amor do qual procuramos adquirir o ouro ou quaisquer outros bens.

Para a maioria das pessoas, dinheiro e poder não se constituem como uma finalidade, mas um meio que se emprega para alcançar algo que é julgado importante. A maioria de nós deseja o dinheiro não em função dele mesmo, mas para obter algo. Da mesma forma, muitas pessoas almejam o poder não por querer exercê-lo sobre os outros, mas porque acreditam obter vantagens em função dos privilégios a ele relacionados.

No diálogo com Górgias, Sócrates perguntou:

> Que te parece que os homens querem quando fazem alguma coisa: o que fazem propriamente, ou o que têm em vista quando fazem o que fazem? Por exemplo, os que tomam remédio por indicação do médico, és de parecer que querem o que fazem, a saber, tomar

remédio e sofrer, ou querem sarar, em vista do que tomam?

Sócrates acreditava que todas as pessoas almejavam uma vida feliz. Para alcançar tal propósito, no entanto, faz-se necessário um princípio holístico: devemos direcionar nossas ações particulares para um objetivo geral, caso realmente desejemos alcançá-lo.

Em um grau menos complexo isso também se refere à gestão. Você sempre deveria se questionar: O que a respectiva medida deve provocar? Trata-se somente de sucessos fugazes ou será que deste modo também busco objetivos mais duradouros? A medida em questão será apenas proveitosa para mim ou para minha seção ou também para a empresa como um todo?

No caso da coordenação dos colaboradores também existem diversos objetivos. Alguém pode ser incumbido de uma tarefa para que seja realizada satisfatoriamente. Simultaneamente, porém, pode se tratar da possibilidade de o colaborador adquirir experiências valiosas, pois em longo prazo ele será encaminhado para uma "função superior". Como empreendedor, que também é responsável pelo futuro dos colaboradores, você sempre deve ter clareza das suas motivações pessoais. Você se preocupa principalmente com a realização das tarefas das quais foi incumbido ou também se empenha em promover a carreira de seus colaboradores?

Sócrates nos adverte no sentido de analisarmos nossos objetivos e motivações mais precisamente e assegurarmos que todas as decisões sirvam, em última instância, aos objetivos mais elevados que afirmamos aspirar.

Onde há muito poder em jogo, Sócrates percebe perigo. Deste modo pôde perceber repetidamente que o caráter de pessoas muito empenhadas com o seu sucesso, por vezes, é prejudicado. Ele mesmo observou isto em relação a seus alunos, entre os quais alguns tentaram mais tarde conseguir vantagens políticas através de medidas radicais, tornando-se assim seus opositores. Sócrates retruca a Cálicles, que se empenhava veementemente na luta pelo poder e afirmava que poder também significa o poder de fazer o bem: "Pois a maioria entre os poderosos, prezado amigo, torna-se má".

Já na época de Sócrates existia um grande número de pessoas empenhadas em iludir os outros. Muitos sofistas ganhavam a vida instruindo jovens rapazes, através de todo tipo de artimanhas e manipulações, para sustentar uma imagem positiva e construir uma carreira. Motivos egoístas não impediam a obtenção de poder político. "Sendo assim, é possível o desejo de agradar a um grande número de almas, sem cogitar de seus verdadeiros interesses", dizia Sócrates, criticando a arte da oratória na qual os sofistas não se importavam com a verdade e os objetivos de todos, apenas queriam impor seus próprios interesses, disfarçados como uma preocupação pelo bem comum. Sócrates, no entanto, não acreditava, que pessoas que abriam mão de sua autenticidade poderiam ser felizes e obter sucesso em longo prazo. "Sejas o que desejas aparentar", era este o seu conselho, já nos tempos antigos de Atenas, para aqueles que buscavam sucesso duradouro e real.

Seja o que deseja aparentar.

Sócrates acreditava que todo ser humano tinha o compromisso de almejar o bem como uma missão de sua vida. Ele mesmo era um bom soldado, que se destacou através de muita coragem; era um bom cidadão, à medida que permaneceu fiel até o fim ao sistema de estado com que se identificava, e também porque, mesmo quando se viu fortemente confrontado pela oposição, não abandonou o seu esforço de conduzir seus concidadãos ao autoconhecimento, à percepção de suas lacunas de saber e à virtude. E, à medida que examinava as suas convicções continuamente e segundo elas vivia, também era um bom filósofo. Para Sócrates o fim não justificava os meios. Segundo suas convicções, uma vida bem-sucedida não depende apenas do sucesso exterior, mas do caráter que o ser humano desenvolve na sua busca: "Pois quem vive bem e feliz é bem-aventurado, ao passo que o indivíduo ruim, que vive mal, é miserável".

Neste sentido aprendemos de Sócrates a examinar primeiramente nossos valores, no sentido de averiguar se realmente conduzem ao bem, isto é, não apenas ao bem pessoal, e sim em primeiro lugar ao bem de todos que fazem parte: os colaboradores, os investidores e a sociedade.

Sócrates pode nos servir como exemplo em função de sua auto-análise incondicional, sua abertura em relação ao seu próprio não-saber e seu desejo de fazer jus ao seu potencial e à sua responsabilidade. Na atual economia do conhecimento, na qual os colaboradores se tornaram a fonte decisiva da empresa, Sócrates pode nos ajudar a conduzir os outros com mais credibilidade, à medida que estes percebem o nosso real interesse em relação a eles e nos empenharmos em uma gestão a serviço do bem de todos, ao invés de nos colocarmos no centro das atenções e buscar apenas interesses meramente pessoais. Seguiremos assim a filosofia socrática agindo de acordo com o lema:

Não estime apenas o ato de viver, mas o ato de viver bem.

Sabedorias completas

Aqui você encontra novamente, de modo resumido, todas as sabedorias de Sócrates utilizadas no livro.

Sustente as suas convicções até que alguém o desengane.

Só sei que nada sei.

Quem tem consciência de seu não-saber, é mais sábio do que aquele que acredita saber tudo.

Sei bem que não sou sábio, nem muito nem pouco.

Inteligente é aquele que sabe
que não sabe.

Jamais ignore a dúvida.

É sábio apenas quem sabe que nada sabe.

Não há mal em não saber, há em nada querer aprender.

Trate o seu interlocutor com respeito.

Instrua o seu interlocutor, mas não o humilhe.

Não importa *quem* diz alguma coisa, e sim *o que* se diz.

Esteja sempre aberto para contra-argumentos.

Conheça-te a ti mesmo.

Uma vida que não foi examinada não vale a pena ser vivida.

Não se acomode em seus talentos.

Esteja aberto para o novo e sempre disposto a aprender com os outros.

Permaneça modesto e ajude também os outros a se tornarem pessoas melhores.

#ABC02268
Sócrates: o poder do não-saber

Justamente por todos nós desejarmos a felicidade, devemos aspirar à sabedoria.

Todo bem tem um sentido.

Faça o bem em função do bem e não em razão das vantagens que ele envolve.

Bom é apenas o que faz de você uma boa pessoa.

Seja o que deseja aparentar.

Não estime apenas o ato de viver, mas o ato de viver bem.